U0519823

世界科普
名著译丛

爱因斯坦晚年文集
Out of My Later Years

〔美〕爱因斯坦　著
张卜天　译

商务印书馆
The Commercial Press

Albert Einstein
OUT OF MY LATER YEARS
The Scientist, Philosopher, and Man Portrayed Through His Own Words

Copyright © 1956 by the Estate of Albert Einstein

根据哲学图书馆 / 开放道路出版公司 2015 年版译出

资助单位：　北京大学人文社会科学研究院　山水 SHANSHUI FORUM 论坛
Institute of Humanities and Social Sciences
Peking University

爱因斯坦在普林斯顿（1938年）

1899年前后，爱因斯坦和朋友马塞尔·格罗斯曼（Marcel Grossmann）、欧根·格罗斯曼（Eugen Grossmann）和古斯塔夫·盖斯勒（Gustav Geissler）在瑞士塔尔维尔（Thalwil）格罗斯曼家的花园里。爱因斯坦与马塞尔关于椭圆几何的讨论为爱因斯坦发展广义相对论提供了启发。

1904年，爱因斯坦和第一任妻子米列娃·马里奇以及他们的儿子汉斯·阿尔伯特。他们的第二个儿子爱德华将于六年后出生。

1905年，受雇于伯尔尼专利局的26岁的爱因斯坦。

1919年，爱因斯坦在与第二任妻子爱尔莎结婚那年创作的纸剪影。这些剪影（从左到右）描绘了他自己、爱尔莎和他的继女伊尔莎（Ilse）和玛戈特（Margot）。

1921年1月，爱因斯坦在奥地利维也纳讲学，同年获得诺贝尔物理学奖。同样在1921年，爱因斯坦第一次访问纽约，随后在东海岸一些最著名的大学举办了数周讲座。

1923年2月12日，爱因斯坦和爱尔莎在以色列米格达尔（Migdal）。

1938年，爱因斯坦在新泽西州普林斯顿的家门口抽烟斗。他非常喜欢抽烟斗，并且保持着挑选烟草和填满烟斗的老习惯。

1943年，爱因斯坦和诗人朋友伊齐克·费弗（Itzik Feffer）及演员所罗门·米克霍尔斯（Solomon Mikhoels）。

1949年，爱因斯坦获得耶路撒冷希伯来大学荣誉学位那天在其普林斯顿的书房。

1949年，爱因斯坦在普林斯顿家中从伊斯雷尔·韦克斯勒（Israel S. Wechsler）那里接受荣誉学位。

1953年3月15日在普林斯顿酒店，爱因斯坦在叶史瓦大学（Yeshiva University）阿尔伯特·爱因斯坦医学院落成宴会上的照片。

《世界科普名著译丛》总序

科学是现代人认知世界最重要、最通行的途径，也是现代世界观的基础。它是认识一切现代思想行为最基本的参照系。不了解科学，就无法理解现代世界的运作方式，对种种现象也会感到茫然失措。在这个意义上，每一个现代人都应当了解起码的科学思想，具备基本的科学思维能力。学习科学绝非专属于理科生的任务，而是人文素养和通识教育必不可少的重要组成部分。

对于普通大众来说，要想了解科学，最方便可行、也最能给人以精神享受的途径大概是阅读一些优秀的科普作品。经典的科普名著能够深刻影响人的一生，而且不会很快过时。然而，现在市面上大多数科普作品要么是一些零碎科学知识的拼凑，从中看不出科学思想的任何来龙去脉和源流演变，要么总在讨论"人工智能""量子纠缠""大数据""区块链"等一些流行时髦的技术应用话题。许多读者尚不具备基本的科学知识，却急于求成，唯恐落后于时代，盲目追求所谓的时代前沿和未来趋势。为了迎合这种或多或少被刻意营造出来的欲望，市场上出现了许多过眼云烟、无甚价值的读物，全然不顾读者们的基础和适应能力。在出版市场的这种无序乱象背后，急功近利的心态和信息焦虑的情绪一目了然。

与国外相比，中国罕有特别优秀的科普作品。一个重要的原因就在于，中国的科学家往往习惯于把科学看成现成的东西，而不注重追根溯源。一本书读下来，读者能够学到不少客观的科学知识，但却置身事外、毫无参与感，根本认识不到那些科学观念是如何在一个个活生生的人那里，伴随着什么样的具体困惑和努力而逐渐演进的，更体会不到科学与历史、文化之间的深刻联系。然而，科学并不是在真空中成长起来的，每一步科学发展都有对先前的继承和变革。因此，科学普及应把科学放到具体的历史和文化中，正本清源地揭示出科学原有的发展历程。科普不仅涉及对科学知识的普及，更涉及对科学思想和科学文化的普及。

在笔者看来，当今大多数中国人最需要补充的科学内容仍然属于高中和本科水平。许多缺乏理科背景的人对相关内容其实很感兴趣，但面对着市场上鱼龙混杂的读物，选择起来无所适从。基于这种考虑，笔者不揣浅陋地接受了商务印书馆的邀请，着手主编这样一套《世界科普名著译丛》。本译丛以保证学术品味和翻译质量为前提，拟遴选一些堪称世界经典的科普名著，其内容既非过于粗浅，亦非过于高端，或者一味迎合流行趣味，而是能够生动活泼、正本清源地讲解科学思想的发展，使人获得精神上的享受，同时又能对科学技术有更深刻的反思。希望读者们在忙于用脑思考的同时，也能学会用心思考，从而更好地感受、领悟和热爱这个世界。

张卜天
清华大学科学史系
2018年6月3日

目　录

1. 出版者前言 …………………………………………… 1

信仰与信念

2. 自画像（1936）……………………………………… 5
3. 决定命运的十年（1939）…………………………… 6
4. 道德的衰败（1937）………………………………… 9
5. 留给后代的话（1938）……………………………… 11
6. 论自由（1940）……………………………………… 12
7. 道德与情感（1938）………………………………… 14
8. 科学与宗教 ………………………………………… 19
　　Ⅰ（1939）………………………………………… 19
　　Ⅱ（1941）………………………………………… 22
9. 论教育（1936）……………………………………… 27

科　学

10. 相对论（1949）……………………………………… 35

A. 狭义相对论 ……………………………………… 36
　　B. 广义相对论 ……………………………………… 39
11. E=mc² (1946) ……………………………………… 42
12. 什么是相对论?(1919) …………………………… 46
13. 物理学与实在(1936) ……………………………… 51
　　一、科学方法总论 …………………………………… 51
　　二、力学以及将全部物理学基于力学的尝试 ……… 56
　　三、场的概念 ………………………………………… 64
　　四、相对论 …………………………………………… 67
　　五、量子理论和物理学的基础 ……………………… 72
　　六、相对论与粒子 …………………………………… 79
　　总结 …………………………………………………… 81
14. 理论物理学的基础(1940) ………………………… 83
15. 科学的共同语言(1941) …………………………… 94
16. 科学定律与伦理准则(1950) ……………………… 97
17. 对质能等价的一个初步推导(1946) ……………… 99

公共事务

18. 为什么要社会主义?(1949) ……………………… 105
19. 黑人问题(1946) …………………………………… 112
20. 科学与社会(1935) ………………………………… 115
21. 通向一个世界政府(1946) ………………………… 118
22. 出路(1946) ………………………………………… 120

23. "世界一家"获奖感言（1948）··········125
24. 科学与文明（1933）··········126
25. 给知识分子的信（1948）··········130
26. 致联合国大会的公开信（1947）··········134
27. 爱因斯坦博士的错误想法··········138
   瓦维洛夫、弗鲁姆金、约飞和谢苗诺夫的一封
   公开信（1947）··········138
   对苏联科学家的回复（1948）··········144

科学与生活

28. 关于知识分子的组织（1945）··········153
29. "欧洲是成功者吗？"（1934）··········155
30. 在捍卫言论自由集会上的讲话（1936）··········157
31. 要原子战争还是要和平？··········159
   I（1945）··········159
   II（1947）··········164
32. 赢了战争，却输掉和平（1945）··········173
33. 大规模毁灭的威胁（1947）··········176
34. 学校与和平问题（1934）··········178
35. 论兵役（1934）··········180
36. 科学中的军事侵入（1947）··········182
   军事心态··········182
37. 国际安全（1933）··········185

名　人

38. 艾萨克·牛顿（1942）……………………189
39. 约翰内斯·开普勒（1949）………………193
40. 悼念玛丽·居里（1935）…………………196
41. 悼念马克斯·普朗克（1948）……………198
42. 悼念保罗·郎之万（1947）………………200
43. 悼念瓦尔特·能斯特（1942）……………202
44. 悼念保罗·埃伦费斯特（1934）…………205
45. 圣雄甘地（1939）…………………………209
46. 悼念卡尔·冯·奥西茨基（1946）………210

我的民族

47. 他们为何仇恨犹太人？（1938）…………213
　　究竟什么是犹太人？…………………………216
　　压迫是一种激励………………………………217
48. 欧洲犹太人的流散（1948）………………221
49. 让我们牢记（1934）………………………223
50. 为一本黑书而写的未发表的序言（1945）……224
51. 人类生存的目标（1943）…………………226
52. 我们对犹太复国主义的责任（1938）……228
53. 致华沙犹太人区战役中的英雄（1944）……231

54. 在华沙犹太人区殉难烈士纪念碑前的讲话（1948）……232
55. 犹太人的天职（1936）……234
56. 摩西·迈蒙尼德（1935）……236
57. 斯蒂芬·怀斯（1949）……238
58. 致耶路撒冷大学的信（1949）……239
59. 美国犹太人委员会（1945）……240
60. 以色列的犹太人（1949）……241

爱因斯坦小传……244
文章出处……246
人名对照表……249

1. 出版者前言

阿尔伯特·爱因斯坦文集第二卷的时间跨度为1934年到1950年的大约15年时间；文集的第一卷曾以《我的世界观》（*The World As I See It*）为题出版，包括了从1922年至1934年的材料。

爱因斯坦并不属于那种生活在研究工作的"象牙塔"里而对周围世界漠不关心的学者。恰恰相反，作为一位敏锐的批判者和观察者，他一直密切关注着时代的趋势和需求。事实上，他经常通过书面和口头的呼吁进行干预。需要强调的是，他这样做总是出于人道主义理由。

从这个意义上讲，《爱因斯坦晚年文集》（*Out of My Later Years*）反映了作者的哲学态度以及政治和社会态度。书中各章由迄今为止尚未发表的讲演、论文、书信、呼吁等各类文章组成。

我们有幸将其原原本本地呈现在读者面前，几乎未做任何编辑上的修改。这些动人的文章记载了一个满怀良知、思想深刻和富于同情心的人的点点滴滴。

信仰与信念

2. 自画像

对于一个人自身的存在，什么是有意义的，他几乎并不知晓，而且，这肯定也不会让其他人感到困扰。一条鱼能对它终生畅游其中的水了解多少呢？

苦乐来自外部，坚毅则来自内部，来自一个人自身的努力。在很大程度上，我做事都是受天性的驱使，为此而获得这么多尊重和爱戴，令我感到羞愧。仇恨之箭也曾射向我，但从未射中，因为它们似乎属于另一个世界，与我毫无关联。我孤独地生活着，年轻时感到痛苦，成熟之年却甘之如饴。

3. 决定命运的十年

当我重温大约十年前所写的东西①时，我得到了两种截然不同的印象。从本质上讲，我当时写的东西还和以前一样正确，但这一切又显得极为遥远和陌生。这是怎么回事呢？是因为世界在这十年里发生了非常深刻的变化，还是仅仅因为我又老了十岁，以至于看待世界的眼光变得更为模糊了？在人类历史中，十年又算得了什么？与这样一段微不足道的间隔相比，难道不应认为，决定人生的所有那些力量是恒常不变的吗？是不是我的批判理性极易受到影响，以至于我身体的生理变化在这十年间深刻地影响了我的人生观呢？在我看来，这些因素显然无法阐明处理一般生活问题的情感进路的变化。这种奇特变化的原因也不能到我自己的外部环境中去寻找，因为我知道，这些东西在我的思想和情感中一直起着从属的作用。

不，这其中涉及完全不同的东西。在这十年间，人们对人类社会的稳定乃至存在基础的信心在很大程度上已经丧失殆尽。人们不仅感觉到了对人类文化遗产的威胁，而且感觉到一种较低的价值观正在被置于人们希望不惜一切代价来捍卫的东

---

① 指写给《现世哲学》(*Living Philosophies*) 的文章。

西之上。

当然，有识之士始终敏锐地意识到，生活是一场冒险，必须总是死里求生。有些时候，危险来自外部：一个人可能跌下楼梯摔断脖子，可能平白无故失去了生计，可能清白无辜却被判有罪，可能因为诽谤中伤而断送前途。在人类社会中生活意味着各种危险，但这些危险本质上是混乱而偶然的。整个人类社会似乎是稳定的。从品味和道德的理想来衡量，它显然是不完美的。但总的来说，人们身处其中感到舒适自在，尽管各种事故层出不穷，在社会里还是觉得相对安全。人们将其内在品质视作理所当然，有如呼吸的空气。甚至连美德、抱负和实际真理的标准也被理所当然地视为文明人所共有的不可侵犯的遗产。

可以肯定的是，第一次世界大战已经动摇了这种安全感。生命的神圣性消失了，个人再也不能随心所欲地做事情，去他想去的地方。谎言升格为一种政治工具。然而，这场战争被广泛看成一个外部事件，几乎不是或绝不是人有意计划行动的结果。它被视为从外部对人类正常生活的中断，普遍被认为是不幸和邪恶的。对人类目标和价值的安全感在很大程度上仍然没有动摇。

随后的发展以一些政治事件为显著标志，与不那么容易把握的社会心理背景相比，这些事件的影响并没有那么深远。首先是在威尔逊的宏伟倡议下创建了国际联盟，以及在各国之间建立了一个集体安全体系，这向前迈进了有希望的一小步。然后形成了一些法西斯国家，与之伴随的是对一系列条约的破坏，以及针对人性和弱国的公然践踏。集体安全体系像纸牌屋一样倒塌了，其后果甚至在今天也无法估量。这体现了有关国家领导人的性格弱点和缺乏责任感，也体现了那些阻止了任何有力反击、表面上仍然完好无损的民主国家的短视和自私。

事情已经糟糕到连最悲观的人也不敢预测。在莱茵河以东的欧洲，对理智的自由运用已经不复存在，民众们被夺取权力的暴徒所恐吓，年轻人则被系统的谎言所毒害。政治冒险家们的虚假成功已经使世界其他地方神魂颠倒。无论在什么地方，这代人显然缺乏前几代人通过艰苦斗争和巨大牺牲而赢得政治自由和个人自由的那种力量。

对此事态的认识给我现在生活的每时每刻都蒙上了阴影，而在十年前，我还没有意识到它。我在重读过去的文字时深有感触的正是这一点。

但我知道，总的来说人的变化很小，即使流行的观念使他在不同时期表现得截然不同，即使目前这样的趋势给他带来了难以想象的悲哀。所留下的不过是可怜的几页历史书，向后世的年轻人简要描绘了先人的愚行。

4.道德的衰败

所有宗教、艺术和科学都是同一棵树的不同分支。所有这些志业都是为了让人的生活变得高尚，使之超越于单纯的物质存在领域，引导个人走向自由。较为古老的大学都是由教会学校发展而来的，这绝非偶然。无论是教会还是大学，只要它们履行真正的职能，都是为了让个人变得高尚。它们试图通过传播道德和文化理解，放弃使用暴力来完成这项伟大的任务。

在19世纪，教会机构与世俗文化机构丧失了本质上的统一性，甚至出现了毫无意义的敌对。然而，对文化的追求从来没有任何疑问。没有人怀疑这个目标的神圣性，有争议的仅仅是实现的途径。

过去几十年复杂的政治经济冲突已经使我们身陷巨大的危险，这种危险甚至连上个世纪最悲观的人也意想不到。那时，《圣经》中关于人的行为的诫命被信徒和非信徒当作对个人和社会不言而喻的要求而接受。一个人如果不承认对客观真理和知识的追求是人类最高的永恒目标，就不会受到尊重。

然而今天，我们必须惊恐地认识到，人类文明存在的这些支柱已经失去了稳固性。曾经卓越的国家臣服于一些暴君，他们竟敢公然宣称：为我们服务的正义才是正义！为真理而寻求真理是不正当的,也是不可容忍的。在这些国家,对个人、信仰和社群的专横统治、压迫和迫害是公开的,并且被认为是正当或不可避免的。

世界其他地区也慢慢习惯了道德衰败的这些症状。人们失去了反对非正义和支持正义的基本反应,从长远来看,这种反应代表着使人类免于重新陷入野蛮境地的唯一保障。我坚信,对于人类状况的改善来说,追求正义和真理的热情意志所起的作用远比精明的政治算计大得多,因为从长远来看,这种精明只会孳生普遍的不信任感。谁会怀疑摩西是比马基雅维利更好的人类领袖呢?

第一次世界大战期间,有人试图说服一位伟大的荷兰科学家[①]相信,在人类历史上,权力先于正义。"我无法证明你的断言不正确,"他回答说,"但我知道我不愿意生活在这样一个世界!"

让我们像这个人一样思考、感受和行动,拒绝接受致命的妥协吧。当维护人的权利和尊严变得不可避免时,我们甚至不要逃避斗争。如果这样做了,我们很快就会重新以人性为荣。

---

① 指荷兰物理学家洛伦兹(Hendrik A. Lorentz, 1853—1928)。——译者

5.留给后代的话

我们这个时代不乏创造之人,其发明可以极大地便利我们的生活。我们利用动力不仅可以横渡海洋,也是为了把人类从各种沉重的体力劳动中解脱出来。我们学会了飞行,还能用电波把信息和新闻毫不费力地传遍全世界。

然而,商品的生产和分配是完全无组织的,因此每个人都必定生活在恐惧之中,担心被逐出经济循环,从而苦于求取。此外,生活在不同国家的人们还不定期地互相残杀,以至于任何思考未来的人都必定生活在担忧和恐惧之中。这是因为,大众的智力和品格要远远低于极少数为社会生产有价值之物的人。

我相信,子孙后代读到这些话时,有理由感到自豪和优越。

6. 论自由

我知道，就基本价值判断进行争论是没有希望的。例如，如果有人同意将人类从地球上灭绝作为目标，那么就不能以理性的理由来反驳这种观点。但是，如果在某些目标和价值上达成一致，那么就可以理性地讨论实现这些目标的手段。于是，让我们指出两个目标，读过这些话的人大概都会同意它们。

1. 用来维持所有人生命和健康的那些辅助性商品，应当用尽可能少的劳动来生产。

2. 物质需求的满足的确是令人满意的生存所不可或缺的先决条件，但它本身是不够的。为了获得满足，人们还必须有可能按照个人的特点和能力来发展其思想和艺术才能。

其中第一个目标要求促进与自然规律和社会过程规律有关的所有知识，即促进一切科学活动。这是因为，科学活动是一个自然的整体，各部分之间以一种无人能够预见的方式相互支持。然而，科学的进步是以不受限制地交流所有结果和判断为前提的，即在一切思想活动领域都有表达和教导的自由。所谓自由，我指的是这样一种社会条件，即一个人不会因为就一般和特殊的知识问题表达了意见和主张，就会招致危险或严重的不利影响。这种交流自由对于科学知识的发展和扩展是不可或缺的，这一考虑很有实际意义。首先，它必须得到法律的保障。但光靠法律是不能保证言论自由的；要使每个人都能发表自己的观点而不受惩罚，全民还必须有一种宽容的精神。这种外在自由的理想永远也不可能完全实现，但必须坚持不懈地追求，才能使科学思想、哲学思维和创造性思维尽可能地得到发展。

要想确保第二个目标，即所有个人精神发展的可能性，就必须有第二种外在自由。人为了获得生活必需品而不得不做的工作不应使他没有时间和精力从事个人活动。如果没有第二种外在自由，言论自由对他就毫无用处。如果合理分工的问题得到解决，技术的进步将为这种自由提供可能性。

一般来说，科学的发展和精神的创造性活动还需要另一种自由，它或可称为内在自由。这种精神上的自由就在于思想不受威权主义和社会偏见的限制，也不受未经审视的例行公事和一般习惯的影响。这种内在自由是大自然的珍贵恩赐，也是个人值得追求的目标。然而，社会也可以做很多事情来推进它的取得，至少是不妨碍它的发展。例如，学校可能会通过威权主义的影响和强加给年轻人过多的精神负担来干涉内在自由的发展；另一方面，学校也可能通过鼓励独立思考来支持这种自由。只有不断有意识地追求外在自由和内在自由，精神才有可能得到发展和完善，从而使人的外在生活和内在生活得到改善。

7.道德与情感

从我们自己的经历和内心体验可以得知，我们有意识的行为都源于我们的欲望和恐惧。直觉告诉我们，我们的同类和高等动物也是如此。人人都试图逃避痛苦和死亡，寻求快乐。我们的行为都受冲动支配，这些冲动的组织使我们的行为总体上是为了保存自我和种族。饥饿、爱、痛苦、恐惧都是支配着个体自我保存本能的内在力量。与此同时，作为社会存在，我们在与同胞的关系中也会被同情、骄傲、仇恨、权力需求、怜悯等情感所打动。所有这些难于言表的原始冲动都是人类行为的源泉。倘若这些强大的原始力量不再搅动我们的内心，所有这些行为都将停止。

虽然我们的行为看起来与高等动物有很大不同，但两者的原始本能却非常相似。最明显的区别来自于，在人这里发挥重要作用的是一种相对强大的想象力和思维能力，以及作为辅助的语言和其他符号工具。在人这里，思想是组织因素，介于作为原因的本能与作为结果的行为之间。这样一来，想象力和理智就作为原始本能的仆人进入了我们的存在。但它们的介入使我们的行为不再仅仅是为了满足我们本能的直接要求。通过它们，原始本能依附于越来越遥远的目的。本能将思想付诸行动，

7. 道德与情感

而思想又激起了由情感激发的中间行为，这些情感同样与最终目的相联系。通过反复操作，这一过程使思想和信念获得并保持着一种强大的效力，甚至在赋予它们以力量的目的被遗忘很久之后也是如此。在这种强烈的假冒情感依附于业已失去其往昔有效意义的物体上的反常情况下，我们谈到了拜物教。

然而，我所指出的这个过程在日常生活中也起着非常重要的作用。事实上，经由这个过程（也许可以把它称为情感和思想的精神化），人无疑拥有了他所能获得的最为微妙和高雅的愉悦：艺术创造和逻辑思维之美所带来的愉悦。

据我所知，有一个因素处于所有道德教导的开端。如果个体的人屈服于其原始本能的召唤，只为自己逃避痛苦和寻求满足，那么所有人合在一起的后果必然是一种充满恐惧和各种苦难的不安全状态。如果除此之外，他们还从一种个体主义的也就是自私的立场运用自己的理智，把生活建立在一种幸福而独立的存在幻觉之上，情况也好不到哪儿去。与其他原始的本能和冲动相比，爱、怜悯和友谊等情感太过软弱和狭窄，无法引导人类社会进入一种可以容忍的状态。

如果自由考虑，那么这个问题的解决方案是足够简单的，而且似乎与过去一脉相传的智者的教导相呼应：所有人都应该让自己的行为遵循同样的原则，通过遵循这些原则，所有人都应当获得尽可能大的安全感和满足感，以及尽可能小的痛苦。

当然，这个总体要求还太过模糊，我们尚不能满怀信心地从中得出具体规则来指导个人的行为。事实上，这些具体规则必须随环境而变。如果这就是阻碍那个深刻观念的主要困难，那么人类千年来的命运将比过去或现在的实际情况幸福得多。人类将不会动用武力和诡计互相残杀、折磨和剥削。

毋宁说，那个一直困扰着所有时代圣贤的真正难题是这样的：如何才能让我们的教导在人的情感生活中施展威力，使其影响能够抵挡个人原始心灵力量的压力？当然，我们不知道过去的圣贤是否真正自觉地以这种形式问过自己这个问题，但我们的确知道他们是如何尝试解决这个问题的。

早在人类成熟之前，也就是说，在人类面对这样一种普遍的道德态度之前，对生命危险的恐惧已经使他们把释放那些令人害怕或令人愉快的自然力量的能力归于各种想象中的无形个体。他们相信，处处支配着他们想象力的那些东西在精神上是按照自己的形象造的，但被赋予了超人的能力。这些都是上帝观念的原始前身。对于这种东西的存在及其非凡能力的信仰首先产生于人类在日常生活中的恐惧，它已经对人和人的行为产生了强烈的影响，其影响之大是我们难以想象的。因此毫不奇怪，人们是通过将道德观念与宗教紧密联系起来而开始建立适用于所有人的道德观念的。这些道德主张对所有人都是一样的，这可能与人类宗教文化从多神论走向一神论有很大关系。

于是，普遍的道德观念最初的心理力量源于与宗教的联系。然而在另一个意义上，这种紧密联系对于道德观念是致命的。一神论宗教在不同的民族和群体那里表现为不同的形式。尽管这些差异绝非根本性的，但它们很快就比那些共同的要素被更强烈地感觉到。这样一来，宗教常常引起敌意和冲突，而不是把人类与普遍的道德观念结合在一起。

7. 道德与情感

后来，自然科学的发展对思想和实际生活产生了巨大影响，在现代更是削弱了各个民族的宗教情感。因果和客观的思维模式虽然并不必然与宗教领域相矛盾，但不大可能使大多数人深化宗教意识。在近百年的时间里，宗教与道德在传统上的密切联系已经严重削弱了道德思想和道德情感。在我看来，这正是我们这个时代政治方式野蛮化的一个主要原因。再加上新技术手段那令人生畏的效率，野蛮化已经对文明世界构成了可怕的威胁。

当然，我们欣慰地看到，宗教在为实现道德原则而努力。然而，道德律令并不仅仅是教会和宗教的事情，它也是全人类最宝贵的传统财富。让我们从这个角度来考虑媒体的位置，或者拥有其竞争方法的学校的位置！一切都受制于对效率和成功的狂热崇拜，而不是受制于与人类社会的道德目的相关的事物和人的价值。此外，还必须加上残酷的经济斗争所导致的道德败坏。然而在宗教领域之外，对道德感的刻意培养也应当有助于引导人们把社会问题看作是甘于为更好的生活而服务的良机。因为单纯从人的观点来看，道德行为并不仅仅意味着严格要求放弃一些想要的生活快乐，而是善良地期待所有人都能过上更幸福的生活。

这种观念首先意味着一个要求，即每个人都应该有机会发展其潜在天赋。只有这样，个人才能获得其应有的满足感；也只有这样，社会才能实现其最大程度的繁荣。因为一切真正伟大和鼓舞人心的东西都是由可以自由劳动的个人创造的。只有在生存安全所需的范围内，限制才是正当的。

由这种观念还可以推出：我们不仅必须容忍个体之间和群体之间的差异，而且事实上应当欢迎这些差异，并将其视为对我们存在的丰富。这是所有真正宽容的本质；没有这种最广泛意义上的宽容，就不可能有真正的道德问题。

按照这里简要说明的意义，道德并不是一个固定、僵化的体系，而是一个可以用来而且应当用来判断生活中所有问题的立足点。它是一项永无尽期的任务，始终指导着我们的判断，激励着我们的行为。

你能想象任何一个真正充满这种理想的人会对下述情形感到满足吗？——

如果他从他的同胞那里得到的商品和服务回报远远多于其他大多数人；

如果他的国家认为自己在军事上暂时安全，因此对建立一个超国家的安全和正义体系的愿望置之不理；

当世界上其他地方无辜的人正在遭受残酷的迫害、被剥夺权利甚至被屠杀时，他能消极地甚至漠不关心地袖手旁观吗？

问这些问题就是回答这些问题！

8. 科学与宗教

I

从18世纪末到19世纪，人们广泛认为知识与信仰之间存在着无法调和的冲突。先进之士的流行看法是，信仰应当日益被知识所取代；不以知识为基础的信仰是迷信，必须加以反对。根据这种看法，教育的唯一功能就是为思考和知识开辟道路，学校作为教育民众的主要机构必须完全服务于这一目标。

以这种粗糙形式表达的理性主义观点或许并不容易找到，因为任何明智的人都会立刻发觉，这样一种对立场的陈述极为片面。但如果想厘清思想，把握观点的本质，也不妨毫无遮掩地作这种直截了当的表述。

诚然，信念最好能得到经验和清晰思考的支持。在这一点上，我们必须毫无保留地同意极端理性主义者的看法。但其缺点在于，对人的行为和判断必不可少且起着决定性作用的那些信念，并非只能以这种纯粹的科学方法找到。

因为科学方法只能告诉我们事实之间的关系和影响。渴望获得这种客观知识属于人类最高层次的能力，大家肯定不会以为我想贬低人类在这个领域的成就和英勇努力。但同样清楚的是，了解事物**是**什么并不能直接导向事物**应当是**什么。对于事物**是**什么，我们可以有最清晰完整的了解，但依然无法从中导出人类应当追求什么**目标**。客观知识为我们实现某些目标提供了强有力的工具，但最终目标本身以及实现它的渴望必须有另外的源泉。毫无疑问，只有确立了这样的目标和相应的价值，我们的生存和行动才能获得意义。认识真理本身是美妙的，但这种认识几乎无法充当向导，甚至证明不了对真理本身的渴望的正当性和价值。因此，这里出现了关于我们存在的纯理性观念的界限。

但绝不能认为，理智思考对于形成目标和道德判断不起任何作用。当人意识到某种手段对实现一个目的有用时，手段本身也因此而成为目的。理智向我们清楚地揭示了手段与目的之间的关系。但仅凭思考无法让我们弄清楚最终的根本目的。在我看来，弄清楚这些根本的目的和评价，使之牢固地确立在个人的感情生活中，正是宗教在人类社会生活中发挥的最重要功能。如果有人问，既然这些根本目的不能单凭理性来陈述和辩护，那它们的权威来自何处呢？我们只能回答：它们作为强大的传统存在于健康的社会中，这些传统作用于个人的行为、志向和判断；它们活生生地存在着，其存在无需辩护。它们不是通过证明，而是经由启示、借由强大的人格而产生的。我们不应尝试证明其正当性，而应简单明确地感受其本性。

犹太教-基督教传统为我们提供了志向和判断的最高原则。这是一个很高的目标，以我们的微薄之力远不足以达到，但它为我们的志向和评价提供了可靠的基础。若将这个目标从其宗教形式中抽取出来，仅看它纯粹人性的一面，或许可以这样来表达它：个人自由而负责地发展，从而能自由而快乐地倾力为全人类服务。

这里没有给国家、阶级的神化留下任何余地，更不要说个人的神化了。用宗教语言来说，我们难道不都是同一位父亲的孩子吗？事实上，甚至将人类当成一个抽象的整体来神化，都不合乎这种理想的精神。只有个人才有灵魂。个人的崇高使命是服务而非统治，也不是以其他任何方式强迫别人接纳自己。

如果取其实质而非形式，我们也可以认为这些话表达了基本的民主立场。真正的民主人士就像我们所谓笃信宗教的人士一样，可以不怎么崇拜他的国家。

那么在这方面，教育和学校的功能何在呢？它们应该帮助年轻人在这样一种精神下成长，让这些基本原则对他来说就如同呼吸的空气。单凭教导并不能做到这一点。

若是认真查看这些崇高的原则，并把它们与我们这个时代的生活和精神相比较，就会清楚地看到，文明的人类目前正处于严重的危险之中。在极权主义国家，实际力图摧毁这种人性精神的乃是统治者本人。在受威胁较轻的地方，民族主义、不宽容和用经济手段来压迫个人，导致这些最宝贵的传统有可能遭到扼杀。

然而，有识之士正逐渐意识到巨大的危险正在蔓延，并努力在国内与国际政治、立法或一般组织的领域内寻求这种危险的应对之道。这些努力无疑很有必要。但我们似乎忘了古人知道的一件事：如果背后没有一种活生生的精神，一切手段都只是迟钝的工具罢了。但如果心中充满着实现目标的渴望，我们就会有足够的力量找到实现目标的手段，并把它转化为行动。

II

关于什么是我们所理解的科学，其实不难达成一致的看法。科学是一种长久以来的努力，试图通过系统性的思想将这个世界上可感知的现象尽可能彻底地联系在一起。或者说得简略一些，它试图通过概念化过程对存在进行后验重建。但如果自问宗教是什么，我就无法轻易作答了。即使当下找到了一个让我满意的回答，我也确信它永远都不可能涵盖所有认真思考过这个问题的人的想法。

于是，在问宗教是什么之前，我想先问，那些让我觉得有宗教信仰的人的志向有哪些特征：在我看来，受到宗教感化的人，就是已经尽其所能从私欲的羁绊中解放出来，而专注于那些因超越个人价值而为他所秉持的思想、感情和抱负的人。我认为，重要的是这种超个人内容的力量，以及对它深刻意义的坚定信念，而不在于是否尝试将这种内容与某个神联系起来，否则佛陀和斯宾诺莎就不算宗教人物了。因此，说一个信仰宗教的人是虔诚的，是说他毫不怀疑那些超个人目标的意义和崇高，这些目标既不需要也不可能有理性基础，它们的存在和他自己的存在是同样必然和同样实实在在的。在这个意义上，宗教是人类长久以来的努力，想要清楚完整地意识到这些价值和目标，并且不断加强和扩展它们的影响。如果根据这些定义来

8. 科学与宗教

设想宗教和科学,它们之间似乎就不会有冲突了。因为科学只能确定**是**什么,而不能确定**应当是**什么,在科学的领域之外仍然需要各种价值判断。另一方面,宗教只涉及对人类思想行为的评价,而不能言明事实以及事实之间的关系。按照这种解释,过去宗教与科学之间那些众所周知的冲突,应当完全归咎于对上述情况的误解。

例如,当宗教团体坚称《圣经》上记载的一切说法都是绝对真理时,就会发生冲突。这意味着宗教一方介入了科学领域,教会反对伽利略和达尔文的学说就属于这一类。另一方面,科学的代表人物也常常基于科学方法对价值和目的做出根本的判断,从而与宗教对立起来。这些冲突全都源自致命的错误。

然而,即使宗教领域与科学领域本身是泾渭分明的,两者之间仍然存在着牢固的依存关系。虽然决定目标的也许是宗教,但宗教是从最广义的科学那里学到了用何种手段才能达到它所确立的目标。科学只能由那些一心致力于追求真理和理解事物的人来创造,而这种感情的源泉却来自宗教领域。相信对世间有效的规律是理性的,也就是可以由理性来理解,这种信仰同样属于这个源泉。我无法设想真正的科学家会没有这种深挚的信仰。这种情况可以用一则比喻来形容:没有宗教的科学是跛足的,没有科学的宗教是盲目的。

虽然我已断言,宗教与科学之间实际上不可能存在正当的冲突,但我必须在一个关键点上再次对它作出限定,这涉及历史上宗教的实际内容。此处的限定与上帝观念有关。在人类精神演化的幼年时期,人以自己的形象创造出诸神,认为其意志决定着或影响着现象世界。人们试图通过巫术和祈祷来改变诸神的意向，以使其对自己有利。目前宗教教导的上帝观念乃是古老诸神概念的一种升华。例如，人们祈求上帝满足自己的愿望，就是其拟人化特征的表现。

当然，认为存在着一个全能、公正和仁慈的人格上帝，无疑能给人带来安慰、帮助和指引；而且，这个观念因为简单，即使最不开化的人也容易接受。但另一方面，这种观念本身也有其致命弱点，自古以来就让人痛苦不安。那就是，如果这个神是全能的，那么每件事情，包括每个人的行动、想法乃至感觉和抱负都是神的作品，那么在这样一个全能的神面前，如何能指望人为自己的行为和思想负责呢？做出赏罚时，神也必定要对自己做出某种评判。这如何能与神的善和正义结合在一起呢？

今天，宗教领域与科学领域之间冲突的主要来源正是这个人格上帝的概念。科学旨在确立一般规则，以决定物体和事件在时间和空间中的相互关联。这些规则或自然定律需要有绝对的普遍有效性，尽管这得不到证明。它主要是一种纲领，相信它原则上可以实现，只是基于部分的成功。不过，大概没有人会否认这些部分的成功，而将其归于人的自我欺骗。基于这些定律，我们能在某些领域极为精确和确定地预言现象随时间的变化，这一事实已经深植于现代人的意识之中，即使他对这些定律的内容可能知之甚少。只需想到，基于少数几条简单的定律，就可以预先非常准确地计算出太阳系中行星的运行轨迹。同样，虽然精度有所不同，但可以预先计算出电动机、传输系统或者无线电装置的操作方式，甚至在处理新发明时也是如此。

诚然，如果一个复杂的现象涉及过多的因素，科学方法在多数情况下是无法奏效的。只需想想天气就可以知道，我们甚至无法预测几天以后的天气。但没有人会怀疑，我们面对的是这样一种因果联系，其原因要素大体已知。该领域中的事件之所以无法精确预测，是因为有各种因素在起作用，而不是因为自然之中缺少秩序。

对于生物领域的规律性，我们认识得还不够深入，但至少足以使人感觉到确定必然性的支配。只要想想遗传的系统性秩序，以及酒精等毒物对有机体行为的影响就可以明白。这里缺少的仍然是对具有深刻一般性的联系的掌握，而不是对秩序本身的认识。

一个人越是深切地感受到一切事件都规律有序，就越是坚信，除此之外不存在不同性质的原因。在他看来，无论是人的支配还是神的支配，都不能作为自然事件的独立原因而存在。诚然，认为有一个人格上帝在干预自然事件，这种教义永远无法被科学真正**驳倒**，因为它总能躲进科学认识尚未涉足的一些领域。

但我相信，宗教人士的这种行为不仅不值得，而且很致命。因为一种不能光明正大而只能在黑暗中保全自己的教义，对人类的进步有着不可估量的害处，必然会失去对人类的影响力。在追求道德上的善的过程中，宗教导师们必须有器量放弃人格上帝的教义，也就是放弃曾把极大的权力置于教士手中的那个恐惧和希望的源泉。他们应当努力培养人性中真、善、美的力量。这项任务虽然更为艰巨,但绝对更加值得。①待完成上述净化过程之后,宗教导师们肯定会高兴地认识到,科学知识已经使真正的宗教变得更加高贵和深刻了。

如果说宗教的目标之一是使人类从自我中心的渴望、欲求和恐惧的束缚中尽可能地解放出来,那么科学推理还可以在另一种意义上帮助宗教。虽然科学旨在发现能把各种事实联系起来并加以预测的规则,但这并非唯一的目标。它还试图把发现的联系归结成尽可能少的几个彼此独立的概念要素。正是在努力把杂多合理地统一起来的过程中,科学取得了巨大的成功,但也正是这种努力使科学面临最大的危险,有可能沦为幻想的牺牲品。然而,只要对科学领域的胜利进展有过深切的体验,就会对存在之中显示出来的合理性至为崇敬和感动。通过理解,他从个人愿望和欲求的束缚中完全解放出来,从而对存在之中的庄严理性心生谦卑,这种庄严理性极为深奥,非凡人所能及。但我认为,这种态度正是最高意义上的宗教态度。科学不仅涤净了宗教感情的拟人论糟粕,而且有助于使我们对生活的理解达到宗教的精神境界。

在我看来,人类的精神越是进化,就越可以确定,真正的宗教不是通过对生与死的恐惧,也不是通过盲目信仰,而是通过追求理性知识而达到的。在这个意义上,我认为一个教士若想对得起自己崇高的教育使命,就必须成为一位导师。

---

① 赫伯特·塞缪尔的著作《信仰与行动》(*Belief and Action*)已经令人信服地阐述了这种思想。

9.论教育

　　一般来说，在纪念日里首先要回顾过去，尤其是回忆那些为了文化生活的发展而获得殊荣的人。对先辈的这种缅怀的确不应忽视，尤其是因为回忆往昔最美好的事物有助于激励今天善良的人们勇敢地奋斗。不过，这应由自幼便与本州有联系且对它的过去如数家珍的人来做，而不是由我这个如吉普赛人一般四处流浪、游历过各个国家的人来发表意见。

　　于是，我只能谈谈那些不受时空限制、始终与教育事业密不可分的问题。即使在这个方面，我也不敢以权威自居，尤其是因为各个时代的有识之士都在探讨教育问题，而且已经多次清楚地表达过对这些问题的看法。我在教育领域只能算是个门外汉，除了一些个人经验和信念，我从哪里来的勇气敢去阐述我的看法呢？倘若这真是一个科学问题，我还是缄口不言为好。

　　然而就积极的事务而言，情况却有所不同。这里，仅仅认识真理是不够的；恰恰相反，要想不失去这种知识，必须不懈地加以更新。好比沙漠中的一尊石像，随时都可能被流沙掩埋。必须不断用手拂拭，才能使它在阳光下继续闪耀。我也应出一臂之力。

　　学校向来是将传统财富一代代传承下去的最重要手段。与过去相比，这更适用于今天，因为随着现代经济生活的发展，家庭作为传统和教育的载体已经弱化。因此，人类社会的延续和健康比以前更依赖于学校。

有时候，人们只把学校当成把最多的知识传授给成长一代的工具。但这是不对的。知识是死的，而学校却服务于活人。它应当培养年轻人那些有益于民众幸福的品质和才能。但这并不意味着应当消灭个性，让个人像蜜蜂或蚂蚁一样仅仅成为社会的工具。因为如果一个社会由没有个人独创性和目标的标准化个体所组成，那将是一个不幸的社会，不可能有进一步的发展。恰恰相反，学校必须以培养独立行动和独立思考的个人为目标，而个人要把为社会服务看成最高的人生理想。依我之见，英国的学校体制最接近于实现这种理想。

但如何努力达到这种理想呢？是不是要用道德说教来实现呢？绝对不是。言语永远是空洞的声音，沉沦之路总是伴随着对理想的空谈。但人格的形成不能靠耳闻口说，而要靠行动和付出。

因此，最重要的教育方法总是鼓励学生实际做事情。儿童初学写字是如此，大学毕业写博士论文也是如此，哪怕只是背一首诗、写一篇作文、解释和翻译一个文本、解一道数学题或练习体育运动，也都是如此。

但每一项成就背后都有动机做基础，而任务的完成又会强化和培养这种动机。这些动机极不相同，其差别对于学校的教育标准极为重要。做同样一件事情，既可能出于恐惧和强迫，或者对权威和荣誉的追求，也可能出于对事物的兴趣爱好和对真理与理解的渴望，亦即出于每个健康孩子都拥有的神圣好奇心，只是往往很早就消泯了。同一件事情的完成对学生的教育影响可能大不相同，全看这件事情的动机是害怕受到伤害、个人私欲，还是对快乐和满足的渴望。大家都认为，学校管理和教师态度肯定会对学生心理基础的塑造有影响。

在我看来，最糟糕的做法莫过于学校主要用恐吓、强制和制造权威等方式进行教育。这样做会毁掉学生们健康的情感和真诚自信，它所造就的是百依百顺的人。难怪这样的学校在德国和俄国已经司空见惯。我知道美国的学校没有这种最坏的邪恶，在瑞士以及大多数民主国家也都是如此。让学校避免这种最坏的邪恶并不困难。只要让教师掌握的强制手段尽可能少，让学生只因为教师的才智人品而尊师重道。

第二种动机是好胜心，或者说得婉转些，是期望得到认可和尊重。这种动机深植于人的本性之中。倘若没有这种精神激励，人与人的合作是完全不可能的。希望得到同仁的赞许肯定是人类社会最重要的凝聚力之一。在这种复杂的情感中，建设与破坏的力量比肩而立。期望得到认同和肯定是一种健康的动机，但希望别人认为自己比同事更好、更强或更聪明，则容易导致唯我独尊的心态，这对个人和集体都是有害的。因此，学校和教师都应避免使用那种导致争强好胜的简单方法诱导学生勤奋学习。

达尔文的生存竞争理论以及与之相关的选择理论曾被许多人用来鼓励竞争精神。一些人甚至试图以伪科学的方式证明，个体之间这种破坏性的经济竞争是必然的。但这是错误的，因为人在生存竞争中之所以有力量，正因为他是过着社会生活的动物。蚁丘中单个蚂蚁之间的交战对于生存没有什么意义，人类社会的个体成员之间也是如此。

因此，应当防止把惯常的成功当作人生目标向年轻人灌输。成功人士从同伴那里获得的东西，通常要远远多于他为同伴所做的贡献。然而，一个人的价值应当看他贡献了什么，而不是获得了什么。

在学校和人生中，最重要的工作动机是工作中的乐趣、获得成果的快乐，以及认识到成果对社会有价值。我认为学校最重要的任务就是唤醒和强化年轻人的这些心理力量。只有这种心理基础才能让人愉快地追求知识、艺术等人类最高财富。

与使用强制或者唤起个人的好胜心相比，唤醒这些创造性的心理能力确实要更难，但却因此而更有价值。关键在于培养孩子天真爱玩的倾向和对获得认可的渴望，然后引导孩子进入一些重要的社会领域。这种教育主要建立在希望取得成功和得到认可的基础上。如果学校从这种观点出发能够成功运作，新一代的学生就会予以高度肯定，并把学校布置的任务像礼物一样来接受。我就认识爱上学甚于放假的孩子。

这种学校要求教师在他的本职工作中有如一位艺术家。如何在学校培育这种精神呢？这就像一个人要保持健康一样，并没有包治百病的灵丹妙药。但还是有某些必要条件可以达成。首先，教师应当在这样的学校里成长；其次，教师应当有充分的自由来选择教学材料和教学方法，因为强迫和外部压力同样会扼杀教师在工作中的乐趣。

如果各位用心听到这里,也许会对一件事感到奇怪。我已经详细阐述了应当用何种精神来教育年轻人。但我既没有谈教学科目的选择,也没有谈教学方法。应以语言文字为主,还是以科学专业教育为主呢?

我的回答是,在我看来这些都是次要的。如果年轻人以体操和步行锻炼了自己的肌肉和耐力,他以后就什么体力活都能干。思想的训练和练习动手动脑也是如此。因此,有位机智幽默的人对教育定义得不错:"一个人若是忘掉他在学校的一切所学,剩下的便是教育。"因此,对于更注重古典文史教育的人与更注重自然科学教育的人之间的争论,我并不急于偏袒任何一方。

但我反对这样一种想法,认为学校应直接教给学生那些日后可直接用于生活的专门知识和技能。生活的要求太过多样,学校的专门化训练是不可能满足的。除此之外,我还反对把个人当作没有生命的工具来对待。学生在离开学校时应当是一个和谐的人,而不是一个专家,这应是学校始终不渝的目标。在我看来,即使是对专业技术学校,这在某种意义上也是对的,尽管那里的学生会从事非常明确的职业。永远要把培养独立思考和独立判断的一般能力,而不是获得专门的知识放在首位。如果一个人掌握了他那门学科的基础,又学会了独立思考和行动,他自然会找到自己的道路。与那些主要以获得细节知识为培训目标的人相比,他也会更好地适应发展变化。

最后我想重申,这些听起来毅然决然的话仅仅是我的个人见解,所根据的不过是我做学生和老师的个人经验罢了。

科　学

10.相对论

数学只处理概念之间的关系,而不考虑它们与经验的关系。物理学也处理数学概念,但这些概念只有通过清楚地确定它们与经验对象的关系才能获得物理内容。运动、空间、时间的概念尤其如此。

相对论正是那种建立在对这三个概念前后一致的物理解释基础之上的物理理论。"相对论"这个名称与这样一个事实有关:从可能的经验来看,运动总是表现为一个物体相对于另一个物体的相对运动(例如汽车相对于地面的运动,或者地球相对于太阳和恒星的运动)。运动永远不能作为"相对于空间的运动"或所谓的"绝对运动"被观察到。最广泛意义上的"相对性原理"包含在这样一个陈述中:所有物理现象都有如下特征,它们未对引入"绝对运动"概念提供依据;或者说得更简短但不那么精确一些:不存在绝对运动。

从这样一个否定的陈述中,我们似乎得不到什么洞见。然而事实上,它却是对(可以设想的)自然定律的一种强大限制。在这个意义上,相对论与热力学之间存在相似之处。热力学也是基于一个否定的陈述:"不存在永动机。"

相对论的发展经历了"狭义相对论"和"广义相对论"两

个阶段。"广义相对论"假定了"狭义相对论"作为一种极限情形的有效性,是"狭义相对论"的一贯延续。

A. 狭义相对论

经典力学中对空间和时间的物理解释

从物理学的观点来看,几何学是使相互静止的刚体可以彼此相对放置的定律的总和(例如,三角形由端点永久接触的三根杆所组成)。人们认为,有了这样的解释,欧几里得定律是有效的。在这种解释中,"空间"原则上是一个无限的刚体(或框架),所有其他物体的位置都与之相关联(参照物)。解析几何(笛卡尔)以三根相互垂直的刚性杆作为参照物来表示空间,通过垂直投影这种已知的方式(借助于刚性的计量单位)来测量空间点的"坐标"(x, y, z)。

物理学处理空间和时间中的"事件"。每一个事件除了其位置坐标x、y、z之外,还有一个时间值t。后者被认为可由一个空间长度可以忽略的时钟(理想的周期过程)来测量。该时钟C被认为静止于坐标系的一点,例如坐标原点($x=y=z=0$)。于是,发生在点P(x, y, z)的事件的时间被定义为与事件同时显示在时钟C上的时间。这里假定"同时"的概念无需专门定义就有物理意义。这种精确性的缺乏似乎是无害的,因为借助于光(从日常经验的角度来看,光的速度几乎是无限的),似乎可以立即确定空间上远隔的事件的同时性。

通过使用光信号从物理上定义同时性，狭义相对论消除了这种精确性的缺乏。P处发生的事件的时间t就是该事件发出的光信号到达时钟C时C上的读数，并根据光信号通过这段距离所需的时间进行校正。这种校正假设光速是恒定的。

这个定义将空间上远隔的事件的同时性概念归结为在同一地点发生的事件（即光信号到达C和C上的读数）的同时性（重合）。

经典力学基于伽利略的原理：只要不受其他物体的作用，物体就会作匀速直线运动。该陈述并非对于任意运动的坐标系都有效，而只对所谓的"惯性系"有效。惯性系彼此之间作匀速直线运动。在经典物理学中，定律只对所有惯性系有效（狭义相对性原理）。

现在很容易理解是什么困境引出了狭义相对论。经验和理论逐渐使人相信，光在真空中总是以相同的速度c传播，而与光的颜色和光源的运动状态无关（光速恒定原理，以下称为"L-原理"）。现在，基本的直观考虑似乎表明，同一条光线不**可能**相对于所有惯性系都以相同的速度c运动。L-原理似乎与狭义相对性原理相矛盾。

然而事实证明，这个矛盾仅仅是表面上的，它本质上基于对时间绝对性的偏见，或者更确切地说，是基于对远隔事件的绝对同时性的偏见。我们已经看到，一个事件的x，y，z和t目前只能相对于某个选定的坐标系（惯性系）来定义。如果没有特殊的物理假设，就不可能解决从一个惯性系过渡到另一个惯性系所必须进行的事件的x、y、z、t的变换（坐标变换）问题。

然而，以下假设恰恰足以解决问题：**L-原理对于所有惯性系都成立**（将狭义相对性原理应用于L-原理）。这样定义的关于x，y，z，t的线性变换被称为洛伦兹变换。洛伦兹变换在形式上的典型特征是，要求由两个无限接近的事件的坐标差dx，dy，dz，dt所构成的表达式

$$dx^2+dy^2+dz^2-c^2dt^2$$

是不变的（即通过变换，它变成了由新系统中的坐标差构成的**相同表达式**）。

因此，借助于洛伦兹变换，狭义相对性原理可以表述为：自然定律对于洛伦兹变换是不变的（即如果借助于x，y，z，t的洛伦兹变换将一个新的惯性系引入某个自然定律，则该自然定律的形式不会改变）。

狭义相对论使人们对空间和时间的物理概念有了一种清晰的理解，并由此认识到运动的量杆和时钟的行为。它原则上消除了绝对同时性的概念，从而也消除了牛顿意义上的瞬时超距作用的概念。它表明了在处理与光速相比并非小到可以忽略不计的运动时，运动定律必须如何修改。它使麦克斯韦的电磁场方程得到了形式上的澄清，特别是使人们理解了电场和磁场本质上的统一性。它把动量守恒定律和能量守恒定律统一成一条定律，并且证明了质量与能量的等价性。从形式的观点看，也许可以这样描述狭义相对论的成就：它一般地表明了普适常数c（光速）在自然定律中所起的作用，并且证明了时间和空间坐标进入自然定律的形式之间存在着密切关联。

B. 广义相对论

狭义相对论在一个基本要点上保留了经典力学的基础，即自然定律只对惯性系有效。"可允许的"坐标变换（即那些使定律的形式保持不变的变换）只有（线性的）洛伦兹变换。这种限制果真基于物理事实吗？以下论证令人信服地否认了这一点。

等效原理。物体有一个惯性质量（对加速的抵抗）和一个重质量（它决定了物体在给定的引力场比如地球表面的重量）。这两个量根据定义是完全不同的，而根据经验却用同一个数来度量。这肯定有更深层次的原因。这一事实也可以这样描述：不同的质量在同一引力场中获得相同的加速度。最后，它也可以表述为：物体在引力场中的表现可以和没有引力场的情况相同，只要在后一种情况下使用的参照系是一个匀加速坐标系（而不是惯性系）。

因此，似乎没有理由禁止对后一种情况作出如下解释。我们把这个坐标系看成"静止"的，把相对于它而存在的"表观"引力场看成"真实"的。这个由坐标系的加速所"产生"的引力场当然具有无限的范围，它不可能由有限区域内的引力质量所引起。然而，如果我们正在寻找一种类场（field-like）理论，这个事实并不必然会吓退我们。有了这种解释，惯性系便失去了它的意义，我们对重质量和惯性质量的相等就有了一个"解释"（物质的同一种性质根据描述方式而表现为重量或惯性）。

从形式上看，承认相对于原来的"惯性"坐标作加速运动的坐标系就意味着承认非线性坐标变换，从而大大扩展了不变性的概念，即相对性原理。

首先，利用狭义相对论的结果所作的深入讨论表明，在这样一种推广下，不再能把坐标直接解释为测量的结果。只有将坐标差和描述引力场的场量结合起来，才能共同决定事件之间可测量的距离。既已发现不得不承认非线性坐标变换是等价坐标系之间的变换，最简单的要求似乎是承认所有连续的坐标变换（形成了一个群），即承认任何用正则函数来描述场的曲线坐标系（广义相对性原理）。

现在不难理解为什么广义相对性原理（基于等效原理）引出了一种引力理论。有一种特殊的空间，我们假定它的物理结构（场）可以根据狭义相对论精确地知晓。这是一个既没有电磁场也没有物质的空的空间。它完全由其"度规"性质所决定：设 dx_0, dy_0, dz_0, dt_0 为两个无穷近的点（事件）的坐标差，则

$$(1)\ ds^2 = dx_0^2 + dy_0^2 + dz_0^2 - c_2 dt_0^2$$

是一个独立于惯性系特殊选择的可测量的量。如果通过广义坐标变换在这个空间中引入新的坐标 x_1, x_2, x_3, x_4，那么同一对点的量 ds^2 就有了这样一个表达式：

$$(2)\ ds_2 = \sum g_{ik} dx^i dx^k\ （对 i 和 k 从 1 到 4 求和），$$

其中 $g_{ik} = g_{ki}$。g_{ik} 构成了一个"对称张量"，是 $x_1...x_4$ 的连续函数。于是根据"等效原理"，g_{ik} 描述了一种特殊类型的引力场（即可以重新变换为形式（1）的引力场）。由黎曼对度规空间的研究可以精确地给出 g_{ik} 场的数学性质（"黎曼条件"）。然而，我们要寻找的是"一般"引力场所满足的方程。我们很自然地假设

它们也可以被描述为g_{ik}类型的张量场，这种场一般来说不可以变换成形式（1），即不满足"黎曼条件"，而只满足一些较弱的条件，这些条件和黎曼条件一样与坐标的选择无关（即广义不变）。只需简单的形式考察就能导出与黎曼条件密切相关的较弱条件。这些条件正是纯引力场（在物质外部并且在没有电磁场的情况下）的方程。

这些方程作为一个近似的定律给出了牛顿的引力力学方程，还给出了一些已被观测证实的微小效应（恒星的引力场使光线偏折，引力势对辐射光频率的影响，行星椭圆轨道的缓慢旋转——水星近日点的进动）。它们还解释了星系的膨胀运动，这种运动表现为从这些星系发出的光的红移。

广义相对论尚不完备，它只能相对令人满意地将广义相对性原理应用于引力场，而不能应用于总场。我们还不能确定地知道用什么数学机制来描述空间中的总场，以及这个总场服从什么样的广义不变定律。然而，有一件事情似乎是确定的，即广义相对性原理将被证明是解决总场问题的一个必要而有效的工具。

11. E=mc²

为了理解质能等效定律，我们必须回到在相对论之前的物理学中占有很高地位的两条彼此独立的守恒原理或"平衡"原理，那就是能量守恒原理和质量守恒原理。前者早在17世纪就由莱布尼茨提出，到了19世纪则本质上作为力学原理的推论发展起来。

以单摆为例，摆锤在 A、B 两点之间来回摆动。质量为 m 的摆锤在这两点比路程中最低的点 C 高出 h（见图）。另一方面，虽然在 C 点，升起的高度消失了，但摆锤却有了速度 v。就好像升起的高度可以完全转变成速度似的，反之亦然。两者之间的精确关系可以表示成 $mgh=\frac{m}{2}v^2$，其中 g 代表重力加速度。有趣的是，这个关系与摆长以及摆锤运动路径的形状都无关。

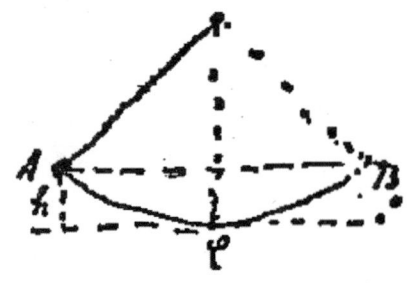

爱因斯坦博士手绘图

重要的是，在整个过程中有某种东西保持不变，那就是能量。在 A 处和 B 处，它是位置的能量或"势"能，在 C 处，它是运动的能量或"动"能。如果这个概念是正确的，那么无论摆处于什么位置，$mgh+m\dfrac{v^2}{2}$ 都应具有同样的值，其中 h 是超过 C 的高度，v 是在摆的路径上那一点上的速度。实际情况也的确如此。将这条原理推广即得到机械能守恒定律。但如果摩擦使摆停下来呢？

答案是在研究热现象时找到的。这项研究假定热是一种从较热物体流向较冷物体的不可毁灭的物质，由此似乎引出了一条"热守恒"原理。但另一方面，自古以来人们就知道摩擦可以生热，比如印第安人就懂得钻木取火。物理学家曾经长期无法说明这种热的"产生"，直到后来得知，由摩擦产生的热必须消耗同等数量的能量时，困难才得以克服。这样我们就得到了"功热相当"原理。拿摆这个例子来说，机械能逐渐由摩擦转化成热。

这样一来，机械能守恒原理与热能守恒原理就合二为一了。于是物理学家相信，守恒原理能进一步扩充，将化学过程和电磁过程也包括进去，简而言之，将守恒原理应用于一切领域。我们的物理系统似乎有一个能量总和，无论经历什么变化都保持不变。

现在谈谈质量守恒原理。质量被定义为物体对其加速度的反抗（惯性质量）。它也可以由物体的重量来量度（重力质量）。这两个完全不同的定义却导出物体有相同的质量，这真是令人惊讶。根据质量守恒原理，即无论发生任何物理变化或化学变化，物体的质量都保持不变，质量似乎是物质的根本（因为固定不变）性质。加热、融化、汽化或结合成化合物，都不会改变总质量。

直到数十年前，物理学家都还接受这条原理。但在面对狭义相对论时，它却显得不再恰当，因此它与能量守恒原理合并，就像大约60年前，机械能守恒原理与热守恒原理合并一样。也许可以说，能量守恒原理曾经吞并了热守恒原理，现在又吞并了质量守恒原理，从而独占整个领域。

我们习惯上用公式$E=mc^2$来表示质能等效（尽管不太精确），其中c代表光速，约为每秒300000公里，E是静止物体所含的能量，m是它的质量。质量m所含的能量等于这个质量乘以光的巨大速度的平方，也就是说，每单位的质量都含有巨大的能量。

但如果每一克物质都含有这样巨大的能量，为什么长期以来没有人注意到呢？答案非常简单：只要没有能量向外释放，就不会观察到。就好比一个非常有钱的人，他从来不花钱也不捐钱，就没有人知道他究竟多有钱。

现在可以把这种关系反过来，说能量增加E，必定伴随着质量增加$\dfrac{E}{c^2}$。很容易把能量给物体，比如把它加热十度，那为什么不去测量与这种变化相关的质量增加或重量增加呢？这里的麻烦在于，在质量增加中，分数分母里出现了巨大的因子c^2。在这种情况下，质量的增加太小了，无法直接测量，即使最灵敏的天平也测不出来。

要使质量增加到能被测量出来，每单位质量的能量变化必须非常巨大。我们只知道有一个领域，每单位质量会释放出这么多能量，那就是放射性蜕变。简要地说，这个过程如下：质量为 M 的原子分裂成质量分别为 M' 和 M'' 的两个原子，它们分开时各自具有巨大的动能。如果设想让这两个原子静止下来，也就是将动能取走，那么合起来看，它们的能量会比原来的原子少得多。根据质能等效原理，蜕变产物的质量之和 $M' + M''$ 必定也小于原来的质量 M，这与旧的质量守恒原理相矛盾，两者的相对差值约在千分之一的数量级。

虽然我们无法实际称量出单个原子的重量，但却有间接方法可以精确测量出它们的重量。我们同样也能测定传给蜕变产物 M' 和 M'' 的动能，这样就有可能检验和确证质能等效公式。而且，这条定律也能使我们从精确测定的原子量，预先计算出任何原子蜕变会释放出多少能量。当然，这条定律并没有告诉我们蜕变反应能否发生或者如何发生。

借助于那个有钱人的例子可以说明上述情况。原子 M 是一个有钱的守财奴，终其一生都不花一分钱（**能量**）。但在遗嘱中，他将财产留给了两个儿子 M' 和 M''，条件是回馈给社会少量的钱，数目不超过全部财产（**能量或质量**）的千分之一。两个儿子的钱加在一起要比父亲少些（**质量之和 $M'+M''$ 比放射性原子的质量略小**）。回馈社会的那部分虽然相对较小，但也已经非常巨大（**作为动能来看**），以致带来了严重的祸害威胁。避免这种威胁已经成为我们这个时代最紧迫的问题。

12. 什么是相对论？

我很高兴应你们的同事之邀，为《泰晤士报》写点关于相对论的东西。在学者之间曾经活跃的交往令人惋惜地中断之后，很高兴借此机会来表达我的喜悦和对英国天文学家和物理学家的感激之情。贵国著名科学家花费了大量时间和精力，科研机构也耗费了大量财力，以检验战争期间在你们敌国发表和完善的一种理论，这充分彰显了贵国伟大而光荣的科学研究传统。虽然太阳引力场对光线的影响是一个纯粹客观的研究主题，但我还是忍不住要以我个人的名义对英国同事们的工作表示感谢。正因为这项工作，我才得以在有生之年看到我的理论蕴含的最重要结论得到验证。

我们可以把物理学理论分成不同种类。大多数理论是构造性的，它们试图从相对简单的形式体系出发，在此基础上构造出更复杂现象的图像。气体运动论就试图把机械的、热的扩散过程还原为分子运动，即由分子运动假说构造出这些过程。当我们说理解了一组自然过程时，我们的意思永远是，已经找到了一种构造性的理论来描述这些过程。

除了这一类重要的理论，还有第二类理论，我称之为"原理性理论"。它们使用的是分析法，而非综合法。构成其基础和

12. 什么是相对论？

出发点的要素不是由假说构造出来的，而是在经验中发现的自然过程的一般特征。这些原理给出了自然过程或其理论描述所必须满足的用数学表达的标准。热力学就试图运用分析法，从永恒运动不可能这一普遍的经验事实出发，推导出各个事件必须满足的必要条件。

构造性理论的优点在于完整性、适应性和清晰性，原理性理论的优点则在于逻辑的完美性和基础的可靠性。

相对论属于原理性理论。为了理解它的本质，首先要理解它所基于的原理。但在讲这些之前，必须指出，相对论就像一座由狭义相对论和广义相对论组成的双层建筑。作为广义相对论之基础的狭义相对论适用于除引力以外的一切物理现象，广义相对论则给出了引力定律以及引力与其他自然力的关系。

当然，自古希腊时代起，人们就已经知道，要想描述一个物体的运动，需要有另一个物体作为前一物体运动的参照。车子的运动是参照地面来说的，行星的运动则是参照所有可见恒星来说的。在物理学中，诸事件在空间上参照的东西被称为坐标系。例如，伽利略和牛顿的力学定律只有借助于坐标系才能表述出来。

然而，要使力学定律有效，坐标系的运动状态不能任意选取（它必须没有转动和加速）。力学中所容许的坐标系被称为"惯性系"。按照力学，惯性系的运动状态并非由自然界唯一决定。恰恰相反，以下定义是成立的：相对于惯性系作匀速直线运动的坐标系同样是惯性系。所谓"狭义相对性原理"是指把这个定义推广到包含一切自然事件。于是，凡是对坐标系 C 有效的普遍自然定律，对于相对C作匀速平移运动的坐标系C'也必定有效。

狭义相对论所基于的第二条原理是"真空中光速不变原理"。这条原理断言，光在真空中总有一个确定的传播速度，同观测者或光源的运动状态无关。物理学家对这条原理的信任源于麦克斯韦和洛伦兹的电动力学所取得的成功。

上述两条原理都得到了经验的强有力支持，但在逻辑上似乎并不相容。通过修改运动学，即（从物理学的观点）与空间和时间有关的定律的学说，狭义相对论最终成功地使它们在逻辑上协调了起来。于是，除非相对于某个给定的坐标系，否则说两个事件是同时的就没有意义，测量工具的形状和时钟的快慢都必定依赖于它们相对于坐标系的运动状态。

然而，包括伽利略和牛顿的运动定律在内的旧物理学并不符合新的相对论运动学。如果上述两条原理真的适用，那么自然定律就必须服从由相对论运动学得出的一般数学条件。物理学不得不适应这些条件。特别是，科学家们得到了一条关于高速运动质点的新运动定律，它在带电粒子的情况下已经得到了美妙的证实。狭义相对论最重要的结论与物体系统的惯性质量有关，该结论是，系统的惯性必然依赖于它所含的能量。由此立即可以得出，惯性质量不过是潜在的能量罢了。质量守恒原理失去了它的独立性，同能量守恒原理融合在一起。

狭义相对论不过是对麦克斯韦和洛伦兹电动力学的系统发展罢了，但又指向它自身之外。难道物理定律与坐标系的运动状态无关仅限于坐标系彼此之间的匀速平移运动吗？大自然与我们的坐标系及其运动状态有什么关系呢？如果为了描述自然界而必须使用一个由我们随意引入的坐标系，那么对这个坐标系运动状态的选择就不应受到任何限制。定律应与这种选择完全无关（广义相对性原理）。

人们早已知晓的一个经验事实能使这条广义相对性原理更容易建立起来，那就是：物体的重量和惯性受制于同一个常数（惯性质量与引力质量相等）。设想有一个坐标系相对于另一个牛顿意义上的惯性系作匀速转动。根据牛顿的教导，相对于这个坐标系所显示出来的离心力应被视为惯性的效应。但就像重力一样，这些离心力与物体的质量成正比。在这种情况下，我们为什么不能把这个坐标系看成静止的，而把离心力看成引力呢？这种观点似乎是显而易见的，却不为经典力学所容。

以上简短的思考暗示，广义相对论必须给出引力定律，而对这种想法的持续探索已经证明我们的希望是合理的。

不过，这条道路的困难程度超出了我们的预想，因为它要求放弃欧几里得几何学。也就是说，物体在空间中的排列所遵循的定律，并不完全符合欧几里得几何学为物体指定的空间定律。这就是我们所谓"空间弯曲"的意思。"直线""平面"等基本概念也因此失去了在物理学中的精确含义。

在广义相对论中，关于空间和时间的学说即运动学已不再与物理学的其余部分无关。物体的几何行为和时钟的运转都依赖于引力场，而引力场又是由物质产生的。

从原理上看，新的引力论与牛顿理论相去甚远，但实际结果却与牛顿理论的结果非常接近，以至于很难找到经验判据来区分它们。迄今为止，我们找到的这种判据有：

（1）行星椭圆轨道的绕日旋转（在水星的例子中已经得到证实）。

（2）引力场所引起的光线弯曲（已为英国人的日食照片所证实）。

（3）从大质量的恒星发射到我们这里的光，其谱线朝着光谱的红端移动（尚未证实）。[①]

该理论的最吸引人之处在于逻辑的完备性。只要有一个它所推出的结论被证明是错误的，它就必须被放弃。不摧毁其整个结构而对它进行修改，似乎是不可能的。

然而，不要以为牛顿的伟大工作果真能被这种理论或任何其他理论所取代。作为整个近代自然哲学概念结构的基础，他那些伟大而明晰的观念将永葆其独特意义。

附言：贵报关于我本人和我的生活状况之评述，在一定程度上表现了撰稿人丰富的想象力。这里相对论原理还有一种应用，说来供读者一笑：现在我在德国被称为"德国学者"，在英国则被称为"瑞士犹太人"，而我被视为"眼中钉"的时候，就会反过来，在德国人眼里我是"瑞士犹太人"，而在英国人眼里我则是"德国学者"。

---

① 此判据后来已被证实。

13. 物理学与实在

一、科学方法总论

人们常说，科学家是蹩脚的哲学家，这句话肯定不无道理。那么，物理学家是不是干脆把哲学思考留给哲学家就好了？当物理学家相信他可以自行支配一套无可置疑的严格的基本定律和基本概念时，这样说也许是对的，但是像现在这样，物理学本身的基础已经问题重重，经验迫使我们去寻求更新、更可靠的基础，此时物理学家就不能将认真考察理论基础的任务拱手让给哲学家了，因为穿鞋的人自己最清楚哪里不合脚。在寻找新的基础时，物理学家必须尽力弄清楚，他使用的概念有多少根据和有多大的必要性。

整个科学不过是对日常思维的一种改进。正因如此，物理学家的批判性思考就不能只限于考察他自己特殊领域的概念。他必须认真思考一个困难得多的问题，即分析日常思维的本性。

我们的心理经验包括感觉经验、对它们的记忆、意象和感情等一连串事物。与心理学不同，物理学只直接处理感觉经验以及对其关联的"理解"。但即使是日常思维中的"实际外在世界"概念，也完全基于感觉印象。

首先要指出，感觉印象和意象是无法区分的，或者说，至少不可能绝对确定地区分。这个问题也涉及实在概念，这里我们不去讨论，而会把感觉经验的存在当作既定的，也就是说，把它当作一种特殊的心理经验。

我认为，建立"实际外在世界"的第一步就是形成物体和各种物体的概念。我们从诸多感觉经验当中任意取出某些反复出现的感觉印象的复合体（部分是与被解释为别人感觉经验之标记的感觉印象结合在一起），并把"物体"概念与之相关联。从逻辑上讲，这个概念并不等同于上述感觉印象的总和，但却是人类（或动物）心灵的自由创造。另一方面，这个概念的意义和根据则要完全归于与之相关联的感觉印象的总和。

第二步可见于这样一个事实：我们在思维中（它决定着我们的期望）赋予物体概念以一种意义，它在很大程度上独立于那些起初产生它的感觉印象。这就是我们把"实际存在性"赋予物体时所指的意思。这样一种处置的理由完全在于，凭借这些概念及其之间的心理关系，我们得以在感觉印象的迷宫中找到方向。这些概念和关系虽然都是心灵的自由创造，但对我们来说，却比个体感觉经验本身更强大、更不可改变，个体感觉经验永远都有可能是幻觉或错觉的产物。另一方面，这些概念和关系，以及假定实际物体和"实际世界"的存在性，其根据仅仅在于与感觉印象相关联，而它们则构成了感觉印象之间的心灵联系。

我们永远也无法理解的一个令人惊叹的事实是：借助于思维（运用概念，创造并使用概念之间明确的函数关系，并把感觉经验与概念对应起来），我们所有的感觉经验就能得到整理。可以说，"世界的永恒秘密就在于世界的可理解性"。如果没有这种可理解性，假定有一个实际的外在世界就是毫无意义的，这正是康德的伟大认识之一。

这里所说的"可理解性"是在最谦虚的意义上用的，其含义是：在感觉印象之间产生某种秩序，这种秩序是通过创造一般概念、这些概念之间的关系，以及概念与感觉经验之间的某种确定关系而产生的。正是在这个意义上，我们的感觉经验世界才是可理解的。它是可理解的，这是一个奇迹。

在我看来，概念的形成和关联方式，以及如何将概念与感觉经验对应起来，都不是先验的。在引导我们创造这种感觉经验的秩序时，全看理论是否成功。我们只需**定下**一套规则，倘若没有这样的规则，就不可能获得想要的知识。这些规则与游戏规则类似，虽然游戏规则本身是任意的，但正是其严格性才使游戏成为可能。然而，对规则的固定永远也不会是最终的，它只有对于一个特殊的应用领域才能有效（也就是不存在康德意义上的终极范畴）。

日常思维的基本概念与感觉经验复合体之间的关联只通过直觉来把握，而不能由科学逻辑来规定。正是这些关联（所有关联都不能用概念术语来表达）将科学大厦与空洞的逻辑概念框架区分开来。借助于这些关联，科学的纯粹概念命题就成了描述感觉经验复合体的一般陈述。

我们将那些与典型的感觉经验复合体直接直觉地联系在一起的概念称为"原始概念"。从物理的观点看，所有其他概念只有通过命题与原始观念联系在一起时才有意义。这些命题，部分是对概念的定义（以及按照逻辑由定义推出的陈述），部分是无法由定义导出的命题，后者至少表达了"原始概念"之间的间接关系，这样一来也表达了感觉经验之间的间接关系。后一种命题乃是"关于实在的陈述"或自然定律，当它们被用于原始概念所涵盖的感觉经验时，必须显示出有效性。至于哪些命题应被看作定义，哪些应被看作自然定律，则主要取决于所选择的表示法。只有从物理学的观点来考察整个概念系统在多大程度上并非空洞时，作这种区分才变得绝对必要。

科学体系的分层

科学的目标一方面是尽可能**完整地**理解所有感觉经验之间的关联，另一方面则是**用最少的原始概念和关系**来达到这个目标。（尽可能地寻求世界图像中的逻辑统一性，即逻辑要素最少。）

科学使用所有原始概念（即与感觉经验直接关联的那些概念）以及将它们联系起来的命题。在第一个发展阶段，科学并不包含任何别的东西。对我们的日常思维来说，这种水平大体上已经足够。但这种情况无法满足真正有科学头脑的人，因为这样得到的所有概念和关系完全缺乏逻辑统一性。为了弥补这一缺陷，人们发明了一个概念和关系较少的体系，该体系保留着"第一层"的原始概念和关系，作为可由逻辑导出的概念和关系。这个新的"第二层体系"因为有基本概念（第二层的概念）而具有更高的逻辑统一性，但不再与感觉经验复合体有直接关联。如果进一步追求逻辑统一性，就会得到第三层体系，为了导出第二层（以及间接导出第一层）概念和关系，该体系的概念和关系数目就更少。如此继续下去，直到我们得到这样一个体系，它拥有可能设想的最大统一性和最少的逻辑基础概念，但仍然与我们的感觉经验相容。我们不知道，这种志向最终能否让我们得到一个明确的体系。科学家的回答往往是否定的。不过，在与这些问题角力时，他们决不轻言放弃希望，相信这个最高目标在很大程度上的确能够实现。

抽象理论或归纳理论的拥护者也许会把各个层次称为"不同程度的抽象"，但我并不认为掩盖概念对于感觉经验的逻辑独立性是合理的。这种关系并不像汤与肉的关系，而是像寄存牌上的数字与大衣的关系。

而且，层与层之间也没有清楚地分开，甚至哪些概念属于第一层也不是绝对清楚的。事实上，我们处理的是自由形成的概念，这些概念与感觉经验复合体有直觉上的联系，对于实际应用有足够的确定性，以至于在任何既定的经验情况下，结果的有效性都是确定的。关键在于，要把许多与经验接近的概念和命题表示成由尽可能窄的基础通过逻辑推导出来的命题，而构成此基础的正是自由选择的基本概念和基本关系（公理）。但这种选择的自由很特别，它完全不同于小说家的自由，倒更像是猜一个设计巧妙的字谜时的自由。猜谜者固然可以尝试任何字作为谜底，但只有一个字才能真正解开整个字谜。相信我们的五种感官所知觉的大自然具有这样一种巧妙字谜的特征，这是信念问题。不过，迄今为止科学取得的成功的确给了这种信念以某种激励。

前面所讲的几个层次对应于科学发展过程中寻求统一性的几个阶段。就终极目标而言，中间层次仅仅是暂时的，它们最终会消失。然而在我们今天的科学中，这些层次代表着成问题的部分成功，它们既相互支持，又相互威胁，因为今天的概念体系包含着根深蒂固的不协调，这一点我们后面会讲到。

接下来的内容旨在表明，为了达到逻辑上尽可能一致的物理学基础，构造性的人类心灵走上了哪些道路。

二、力学以及将全部物理学基于力学的尝试

我们的感觉经验，以及更一般地，我们的一切经验都有一个重要性质，那就是都有时间秩序。这种秩序引出了主观时间的心理概念，对我们的经验加以整理。然后，主观时间又经由物体和空间的概念引出了客观时间概念。我们后面会讨论这些内容。

然而在客观时间概念之前，必须先有空间概念；而在空间概念之前，又要先有物体概念。物体概念直接与感觉经验复合体相关联。我们已经说过，"物体"概念的典型特征是这样一种性质，它使我们将一种既不依赖于（主观）时间、也不依赖于是否被我们的感官知觉到的存在性赋予物体，尽管我们觉察到它会随时间变化。庞加莱曾经正确地强调，可以区分物体的"状态变化"和"位置变化"，位置变化可以通过我们身体的主动运动而反过来。

13. 物理学与实在

有这样一些物体，在某种知觉范围内，我们不能把状态变化而只能把位置变化归于它们。这个事实对于空间概念的形成（甚至对于物体概念本身的根据）至关重要。我们称这种物体为"准刚性的"。

如果把两个准刚性的物体当作我们的知觉对象一同（也就是当成一个单元）考虑，那么这个整体就有一些改变是**不**可能被看成整体位置的变化的，尽管这两个组分中的每一个都发生了位置变化。这就引出了两个物体"相对位置的变化"这个概念，由此也引出了两个物体的"相对位置"概念。我们还发现，在不同的相对位置当中有一种特殊的相对位置，我们称之为"接触"。[①]两个物体在三个或三个以上的"点"上永久接触，就意味着它们结合成了一个准刚性的复合体。可以说，第二个物体由此形成了第一个物体的（准刚性）延展，而第二个物体又可以继续作准刚性的延展。物体的准刚性延展可以无限继续下去。物体 B_0 的所有这种可以设想的准刚性延展的全体，就是该物体所决定的无限"空间"。

在我看来，处于任意状况的每一个物体都能与某个给定的物体 B_0（参照体）的准刚性延展相接触，这个事实就是我们空间概念的经验基础。在前科学思维中，坚固的地壳起着 B_0 及其延展的作用。"几何学"（geometry）[②]这个名称就暗示，空间概念与作为始终存在的参照体的地球有着心理上的联系。

[①] 事物的本性决定我们只能通过自己创造的概念来谈论这些物体，而这些概念本身是无法定义的。然而重要的是，我们使用的概念与我们的经验无疑是对应的。

[②] "geometry"一词的字面意思是测地术。——译者

"空间"这个大胆的概念先于一切科学上的几何学,它把我们关于物体位置关系的心理概念转变为这些物体在"空间"中的位置的观念。这个概念本身代表着形式上的极大简化。通过这个空间概念还可以得到一种态度:任何对位置的描述都隐含地是一种对接触的描述。说物体的一个点位于空间的 P 点,意思是该物体在 P 点与标准参照体 B_0(假定作了适当延展)的 P 点相接触。

在希腊人的几何学中,空间只扮演定性的角色,因为物体相对于空间的位置虽然被视为既定的,但并不是用数来描述的。笛卡尔最早引入了这种方法。用他的话说,欧几里得几何学的全部内容都可以公理化地建立在以下陈述的基础上:(1)刚体上两个定点确定一个截段。(2)可以把三个数 X_1,X_2,X_3 与空间的点联系起来,对于所考察的任何一个截段 $P'—P''$,其端点的坐标 X_1',X_2',X_3';X_1'',X_2'',X_3'',表达式

$$S^2=(X_1''-X_1')^2+(X_2''-X_2')^2+(X_3''-X_3')^2$$

与该物体的位置无关,也与任何其他物体的位置无关。

(正)数 S 被称为截段的长度,或者空间的两点 P' 和 P''(这两点与截段的点 P' 和 P'' 重合)之间的距离。

我们有意选择这样的表述,使它不仅清楚地表达了欧几里得几何学的逻辑和公理的内容,而且也表达了经验内容。对欧几里得几何学的纯逻辑的(公理的)表示固然更为简单清晰,但也因此而失去了概念构造与感觉经验之间的联系,而几何学对于物理学的意义完全建立在这种联系之上。认为先于一切经验的逻辑必然性是欧几里得几何学以及属于它的空间概念的基

础,这是一个致命的错误,它源于欧几里得几何学的公理构造的经验基础已经遭到遗忘。

只要能说自然中存在着刚体,欧几里得几何学就是一门必须由感觉经验来证实的物理科学。它关系到一些对于刚体之间的相对位置必定永远成立的定律的全体。可以看到,物理学中原先使用的那种物理的空间概念也与刚体的存在密切相关。

从物理学家的观点来看,欧几里得几何学的核心要点在于,其定律与物体的特定性质无关,它所讨论的是物体的相对位置。其形式上的简单性由同质性和各向同性(以及诸如此类的事物的存在)来刻画。

空间概念固然有用,但对于几何学本身,即对于表述刚体之间相对位置的规则,却并非不可或缺。而客观时间的概念却是与空间连续体的概念联系在一起的,没有客观时间的概念,就不可能表述经典力学的基础。

客观时间的引入涉及两个彼此独立的假设。

(1)将经验的时间序列与"时钟"(即周期性重现的封闭系统)的读数联系起来,引入客观的当地时间。

(2)对于整个空间中的各个事件引入客观时间概念,只要通过这个概念,就可以把当地时间的概念扩展成物理学中的时间概念。

先来讨论(1)。在我看来,它并不意味着一种"乞题"(*petitio principii*)[①],只要在澄清时间概念的起源和经验内容时,

---

① 即"以假定作为论据来辩论",它与循环论证高度相关但并不完全一样。——译者

把周期性重现这个概念放在时间概念之前就可以了。这种观念恰恰对应于刚性（或准刚性）物体的概念在空间概念解释中的优先地位。

再来讨论（2）。相对论问世之前流行着一种错觉，认为从经验的观点看，空间上分离的事件的同时性的意义，从而物理时间的意义，都是先验自明的。这种错觉来源于在日常经验中可以忽略光的传播时间。因此，我们习惯于不去区分"同时看见"和"同时发生"，结果导致时间与当地时间之间的差别被模糊了。

从经验意义的观点来看，这种明确性的缺乏是与经典力学的时间观分不开的。以公理化的方式来表示与感觉经验无关的空间和时间，掩盖了这种不明确性。独立于概念赖以存在的经验基础来使用概念并不必然会损害科学。但这很容易使人错误地相信，这些被遗忘了来源的概念在逻辑上是必然的，因此是不可变动的。这种错误可能会严重威胁科学的进步。

以前的哲学家始终没有看到，客观时间概念就其经验解释而言是缺乏明确性的。这对于力学的发展，因此对于一般物理学的发展是幸运的。他们完全相信空间－时间构造的实在意义，并且发展了力学的基础，这些基础可以扼要地表示如下：

（a）质点概念：可以足够准确地将物体——就其位置和运动而言——描述成一个点，其坐标为 X_1, X_2, X_3，它（相对于"空间" B_0）的运动由作为时间函数的 X_1, X_2, X_3 来描述。

（b）惯性定律：一个质点距离所有其他质点足够远时，其加速度的各个分量就消失了。

(c)（质点的）运动定律：力＝质量×加速度。

(d) 力（质点之间的相互作用）的定律。

这里，(b) 仅仅是 (c) 的一个重要特例。只有给出了力的定律，实际的理论才能存在。为了让一个通过力彼此关联的质点系可以像**一个**质点那样行为，这些力必须首先只服从作用与反作用相等的定律。

这些基本定律和牛顿的引力定律共同构成了天体力学的基础。在牛顿力学中，空间 B_0 并不像上文所述是由刚体的延展所导出，而是包含着新的想法。对于给定的力的定律，(b) 和 (c) 并非对于任何 B_0 都有效，而是只对一种具有特定运动状态的 B_0（惯性系）才有效。坐标空间由此获得了一种独立的物理性质，这种性质并不包含在纯粹几何的空间概念中，这又让牛顿有了全新的想法（旋转水桶实验）。[①]

经典力学仅仅是一般性的方案，只有明确给出力的定律 (d) 才能成为一种理论，就像牛顿在天体力学方面非常成功地做到的那样。科学家总是希望使基础达到最大的逻辑简单性，从这个目标来看，这种理论方法是有缺陷的，因为力的定律无法逻辑地推导出来，对力的定律的选择是先验的，在很大程度上甚至是任意的。牛顿的引力定律与其他可设想的力的定律的唯一区别就在于它的**成功**。

虽然我们今天知道，经典力学无法充当整个物理学的基础，

[①] 只有找到一种对所有 B_0 都有效的力学，才能消除该理论的这个缺陷。这是通向广义相对论的一个步骤。第二个缺陷在于，牛顿力学本身解释不了质点的引力质量与惯性质量相等，这同样要通过引入广义相对论才能消除。

但它在我们的物理思考中仍然占据着核心地位。这是因为,无论自牛顿时代以来取得了什么重大进展,我们仍然没有找到物理学的最终基础,由它可以逻辑地推导出所有已知现象,以及成功的部分理论体系。接下来我想简要描述一下事情是怎样的。

首先我们要厘清,经典力学体系在多大程度上能够充当整个物理学的基础。由于这里只讨论物理学的基础和发展,我们无需关注力学在纯形式方面的进展(拉格朗日方程、正则方程等)。但有一点似乎是不可或缺的。"质点"这个概念对于力学是非常基本的。对于不能当作质点来处理的物体(严格说来,任何"可以用感官感知的"对象都属于这个范畴),应当如何提出一种力学呢?我们如何设想物体由质点构成以及质点之间的作用力呢?要使力学完备地描述物体,提出这个问题就是不可避免的。

在力学中,我们常常假定质点以及在质点之间起作用的力的定律是不变的,因为它们随时间的变化无法作力学解释。由此可以看出,经典力学必定会引入物质由原子构成这一观念。我们现在特别清楚地意识到,相信理论是从经验中归纳出来的,这是多么错误的想法。甚至连伟大的牛顿也未能摆脱这种错误("我不杜撰假说"[*Hypotheses non fingo*])。

为了避免无望地专注于这种思路(原子论),科学首先以如下的方式发展。如果一个系统的势能是其位形(configuration)的函数,则该系统的力学就确定了。现在,如果作用力可以保证系统位形的某些结构性质得以维持,那么这种位形就可以用少数几个位形变量 q_r 来足够准确地描述。在这种情况下,势能

13. 物理学与实在

被认为只同**这些**变量有关（比如用六个变量来描述准刚体的位形）。

力学应用的另一种方法同样不把物质再分为"实在的"质点，那就是所谓的连续介质力学。这种力学的典型特征是，假想物质的密度和速度都连续地依赖于坐标和时间，而没有明确给出的那部分相互作用可以被视为表面力（压力），后者亦为位置的连续函数。流体动力学理论和固体弹性理论就是这样。这些理论避免直接引入质点，而是代之以从经典力学的基础来看只可能有近似意义的虚构。

除了有**应用**方面的伟大意义，这些科学范畴还提出了新的数学概念，创造出偏微分方程，这种形式工具对于日后寻求整个物理学的新基础是必不可少的。

力学应用的这两种方式都属于所谓"唯象的"（phenomenological）物理学。这种物理学的典型特征是尽量使用与经验接近的概念，但也不得不因此而牺牲基础的统一性。热、电和光都要用不同的状态变量和物质常数来描述，而不能用力学量。至于这些变量的相互关系和时间关系，则主要只能由经验来确定。麦克斯韦的许多同时代人都把这种表述方式看成物理学的终极目标，并认为物理学应当使用与经验接近的概念，再从经验中归纳出定律。从知识论的观点来看，密尔和马赫的立场大体如此。

在我看来，牛顿力学最伟大的成就在于，其一致的应用已经超越了这种唯象的观点，特别是在热现象方面。气体运动论和一般的统计力学都很成功。气体运动论将理想气体的状态方程、黏性、扩散、热传导和辐射度现象从逻辑上联系起来，而从直接经验的观点来看，这些现象似乎毫不相干。统计力学则对热力学的观念和定律给出了力学解释，由此发现了经典热理论的概念和定律的适用范围。这种运动论不仅在基础的逻辑统一性上远远超出了唯象的物理学，而且还得出了原子和分子的明确大小。这些数值是由几种独立的方法分别得到的，因此是无可怀疑的。这些重大成就所付出的代价是把原子与质点对应起来，而这些东西显然具有高度的臆测性。没有人会指望"直接感知"原子。那些与实验事实有更直接关系的变量（如温度、压力、速率）的各种定律，都是通过复杂的计算从这些基本观念中推导出来的。这样一来，原先更多是唯象地构造的物理学（至少是其中一部分），通过基于原子和分子的牛顿力学，都被归结到虽然远离直接实验但性质上更加一致的基础上。

三、场的概念

在解释光和电的现象时，牛顿力学远不如在上述领域那样成功。诚然，牛顿试图在其光的微粒说中把光归结为质点的运动。但是后来，随着光的偏振、衍射和干涉等现象的发现，微粒说不得不作出越来越多不自然的修改，惠更斯的光的波动说渐渐占了上风。当时晶体光学和声学已经发展到一定程度，光的波动说可能本质上起源于此。应当承认，惠更斯的理论起初也是基于经典力学，无处不在的以太被视为波的载体，但任何已知现象都无法暗示以太是如何由质点构成的。支配以太的内力,以及以太与"有重"物质之间的作用力,始终没有得到清晰认识。因此,这种理论的基础一直模糊不清。它所依据的偏微分方程,似乎无法归结为力学要素。

在电磁现象方面,人们再次引入了一种特殊的物质,并且假定这些物质之间存在着一种类似于牛顿引力的超距作用力。但这种特殊的物质似乎缺乏惯性这种基本性质,而且与有重物质之间的作用力仍然模糊不清。除了这些困难,这些物质的极性特征也无法纳入经典力学的框架。电动力学现象发现之后,磁现象可以用电动力学现象来解释,于是不再需要假设磁性物质。但该理论的基础变得更不能让人满意,因为现在,运动的带电物质之间被认为存在着非常复杂的相互作用力。

法拉第和麦克斯韦的电场理论使人摆脱了这种不让人满意的状况,这也许是自牛顿时代以来物理学的基础发生的最深刻转变。此外,这种转变还朝着构造上的思辨迈出了一步,增加了理论基础与感觉经验之间的距离。事实上,只有当带电物体出现时,场的存在才会显示出来。麦克斯韦的微分方程把电场和磁场的空间、时间微分系数联系在一起。带电物体不过是电场中散度不为零的地方罢了,而光波则是电磁场在空间中的振荡。

诚然,麦克斯韦仍然试图用机械的以太模型来机械地解释他的场论。但随着赫兹对这种理论作出新的表示,清除了一切多余的附加物,这些尝试逐渐销声匿迹了。在这种理论中,场最终获得了基础地位,就像牛顿力学中的质点那样。然而,这主要只适用于真空中的电磁场。

起初,物质内部的电磁场理论是非常不能令人满意的,因为在那里必须引入两个电矢量，而两种的关系依赖于介质的本性，无法作任何理论分析。关于磁场，以及电流密度与磁场之间的关系，也有类似的问题。

在这方面，洛伦兹找到了一条通往运动物体的电动力学理论的出路，或多或少避免了随意的假定。他的理论基于以下几个基本假说：

无论在任何地方，包括在有重物体内部，场的载体都是真空。物质之所以参与电磁现象，仅仅是因为物质的基本粒子带有不变的电荷，因此一方面受到有质动力（ponderomotive forces）的作用，另一方面又会产生场。基本粒子服从牛顿的质点运动定律。

正是以此为基础，洛伦兹综合了牛顿力学和麦克斯韦的场论。这个理论的缺点在于，它试图结合偏微分方程（真空中的麦克斯韦场方程）和全微分方程（质点的运动方程）来描述现象，这种做法显然是不自然的。其不恰当性表现在，它必须假定粒子的大小有限，以防粒子表面的电磁场变成无穷大，而且无法解释将各个粒子上的电荷保持在一起的巨大的力。洛伦兹清楚并接受自己理论中的这些缺点，不过至少可以大体上正确地解释各种电磁现象。

此外，还有一种考虑超出了洛伦兹的理论框架。带电物体周围有一个对它的惯性作出（表观）贡献的磁场，难道不可能以电磁作用来解释粒子的**总惯性**吗？显然，只有把这些粒子解释成电磁偏微分方程的正则解，才能令人满意地解决这个问题。然而，原有的麦克斯韦方程并不允许对粒子作这样一种描述，因为与之对应的解包含一个奇点。理论物理学家一直试图修改麦克斯韦方程来达到这个目标，但并没有成功。于是，我们至今仍然无法建立物质的纯电磁场理论，尽管没有理由达不到这个目标。由于缺乏解决问题的系统方法，人们不再有勇气朝这个方向继续努力。不过在我看来，可以肯定的是，在任何自洽的场论的基础中，除了场这个概念以外，粒子概念不能被额外加入。整个理论必须完全基于偏微分方程，而且它的解不能带奇点。

四、相对论

任何归纳法都导不出物理学的基本概念。不理解这个事实是19世纪的许多研究者犯下的基本哲学错误。也许正是由于这个缘故，分子理论和麦克斯韦理论直到较晚的时候才确立起来。逻辑思维必然是演绎的，它基于假设的概念和公理。应当如何选择这些概念和公理，才能确证由它们导出来的推论呢？

最理想的情况显然是，新的基本假说能够由经验世界本身暗示出来。作为热力学的基本假说，"永运机不存在"便是由经验暗示出来的。伽利略的惯性原理也是如此。而且，相对论的基本假说也是出于同一范畴。相对论使场论得到了意想不到的推广，也使经典力学的基础被取代。

麦克斯韦-洛伦兹理论的成功使人们对真空中电磁学方程的有效性深信不疑，因此特别相信光以恒定的速度 c "在空间中"行进。这个光速不变的断言是否对于任何惯性系都有效呢？如果不是这样，那么一个特殊的惯性系，或者更准确地说，（一个参照体的）一种特殊的运动状态就应区别于所有其他运动状态。然而，这似乎与所有力学的和电磁学-光学的实验事实相矛盾。

因此，我们必须把光速不变定律对一切惯性系都有效提升为原理。由此，空间坐标X_1，X_2，X_3和时间X_4必须按照"洛伦兹变换"来变换，它由以下表达式的不变性来刻画：

$$ds^2 = dx_1^2 + dx_2^2 + dx_3^2 - dx_4^2$$

（如果时间单位的选择使光速$c=1$）。

通过这种程序，时间便失去了绝对性，而与"空间"坐标结合在一起，在代数上具有（近乎）类似的特征。时间的绝对性，特别是同时的绝对性被破坏了，四维描述作为唯一恰当的描述被引入进来。

同样，为了解释所有惯性系对于所有自然现象都等价，必须假设所有表达一般定律的物理方程组对于洛伦兹变换都是不变的。对这个要求作出详细阐述，正是狭义相对论的内容。

这个理论与麦克斯韦方程相容，但与经典力学的基础不相容。虽然可以修改质点的运动方程（以及质点动量和动能的表达式），使之满足这个理论，但相互作用力的概念以及系统的势能概念却失去了基础，因为这些概念都基于绝对同时性的观念。由微分方程决定的场取代了力。

由于上述理论只允许相互作用由场来产生，因此需要一种引力场论。事实上，提出一种能像牛顿理论那样把引力场归结成一个偏微分方程的标量解的理论并不困难。然而，牛顿的引力理论所表达的实验事实却引向了另一个方向，即广义相对论的方向。

经典力学有一个不能让人满意的特征，那就是在它的基本定律中，同一个质量常数以两个不同的角色出现，即作为运动定律中的"惯性质量"和作为引力定律中的"引力质量"。结果，物体在纯引力场中的加速度与它的材料无关；或者说，在匀加速的坐标系中（相对于一个"惯性系"加速），运动就像在一个均匀的引力场（相对于一个"不动的"坐标系）中一样。如果假定这两种情况完全等效，我们的理论思考就符合了引力质量等于惯性质量这一事实。

由此可知，我们原则上不再有任何理由偏爱惯性系，而且必须承认，坐标（x_1，x_2，x_3，x_4）的**非线性**变换也有同等地位。如果我们对狭义相对论的坐标系作这样的变换，那么度规

$$ds^2 = dx_1^2 + dx_2^2 + dx_3^2 - dx_4^2$$

就转换成具有如下形式的广义（黎曼）度规：

$$ds^2 = g_{\mu\nu} dx_\mu dx_\nu$$

其中 $g_{\mu\nu}$ 对于 μ 和 ν 是对称的，是 x_1，x_2，x_3，x_4 的某些函数，它们既描述度规性质，又描述相对于新坐标系的引力场。

这是对力学基础进行解释的重大改进，但经过更加细致的考察就会发现，它所付出的代价是，我们不再能像在原先的坐标系（没有引力场的惯性系）中那样，将新坐标解释成刚体和时钟量度的结果。

广义相对论之路是通过以下假设实现的：这样一种用函数 $g_{\mu\nu}$（即用黎曼度规）来表示空间场性质的做法也适合于**一般**情况，即相对于任何坐标系，度规都不会有狭义相对论的简单的

准欧几里得形式：

现在，坐标本身不再表示度规关系，而仅仅表示坐标彼此略有不同的物体"附近"。只要没有奇点，一切坐标变换都是容许的。只有用那些对于这个意义上的任意变换都协变的方程来表达，一般自然定律才有意义（广义协变假设）。

广义相对论的第一个目标是提出一个初步版本，它虽然构不成一个封闭体系，却能以尽可能简单的方式与"可直接观察的事实"相联系。如果这种理论只限于纯粹的引力力学，则牛顿的引力理论就能充当模型。这个初步版本可以这样刻画：

（1）保留质点及其质量的概念，给出它的运动定律，也就是把惯性定律翻译成广义相对论的语言。该定律是一个具有测地学性质的全微分方程组。

（2）牛顿的引力相互作用定律被一组能由 $g_{\mu\nu}$ 张量组成的最简单的广义协变微分方程组所取代。此方程组是让缩并一次之后的黎曼曲率张量等于零（$R_{\mu\nu}=0$）而形成的。

这种表述使我们可以处理行星问题，更准确地说，它使我们能够处理质量几乎可以忽略不计的质点在（中心对称的）引力场中的运动问题，这种引力场是由一个假定"静止"的质点所产生的。它不考虑"运动的"质点对引力场的反作用，也不考虑中心质量是如何产生这个引力场的。

与经典力学的类比表明，下面做法可以使理论完整。我们这样来构造场方程：

$$R_{ik} - {}^1\!/_2 g_{ik} R = -T_{ik}$$

其中 R 是黎曼曲率的标量，T_{ik} 是以唯象方式表示的物质的能量张量。选择方程左边，使它的散度恒等于零，于是右边的散度也等于零，这样便产生了偏微分方程形式的物质的"运动方程"。用来描述物质的T_{ik}只引入了另外**四个**独立的函数（比如密度、压力和速度分量，其中速度分量之间有一个恒等式，而压力与密度之间有一个状态方程）。

通过这种表述，我们将整个引力力学归结成求一个协变的偏微分方程组的解。这种理论避免了经典力学基础的所有那些缺点。据我们所知，它足以表示天体力学的观察到的事实。然而，它就像一幢左右不对称的建筑，一侧是用精致的大理石砌成的（方程的左边），另一侧则是用劣质的木材制成的（方程的右边）。事实上，对物质的唯象表示仅仅是一种粗糙的代用品，无法正确处理物质的所有已知性质。

在没有有重物质和电密度的空间中，把麦克斯韦的电磁场理论与引力场理论联系起来并不困难。只要把真空中电磁场的能量张量代入上述方程右边的T_{ik}，并把真空中的麦克斯韦场方程改写成广义协变形式即可。在这些条件下，所有这些方程之间会有足够多的微分恒等式，以确保它们的一致性。还要补充一句，整个方程组的这种必然的形式性质使T_{ik}的符号可以任意选择，这一点后来变得很重要。

人们希望理论的基础尽可能达到最大的统一性，遂多次尝试把引力场和电磁场纳入同一幅统一的图像。这里必须特别提到卡鲁扎和克莱因的五维理论。我认真考虑过这种可能性，觉得宁可接受原有理论的内在不一致，因为构成五维理论基础的全部假说所包含的任意性并不比原有的理论更少。同样的意见也可用于这种理论的投影形式，冯·丹齐克和泡利对此曾作过精心阐述。

以上讨论只涉及没有物质的场的理论。如何从这一点出发，得到关于物质原子构成的完整理论呢？这种理论必须把奇点排除在外，否则微分方程就无法完全决定总的场。广义相对论的场论在这方面的问题与纯粹的麦克斯韦理论对物质的场论表示所面临的问题相同。

这里，对粒子的场论构造似乎再次导致了奇点。人们同样试图通过引入新的场变量以及精心阐述和扩展场方程组来克服这个缺点。然而近来，我与罗森博士合作发现，上述引力场方程与电场方程最简单的结合产生了可以表示为不带奇点的中心对称解（施瓦茨希尔德关于纯粹引力场的著名中心对称解，以及莱斯纳关于电场及其引力作用的解）。我将在第五节简要讨论它。这样似乎就能得到没有附加假说的关于物质及其相互作用的纯粹场论，而且除了纯粹数学上的困难（尽管非常严重），对它作经验检验不会导致别的什么困难。

五、量子理论和物理学的基础

我们这一代的理论物理学家正期待为物理学建立新的理论基础，它所使用的基本概念会与迄今考察的场论概念大相径庭。这是因为人们发现，对所谓量子现象的数学表示必须采用全新的方法。

正如相对论所揭示的，经典力学的失败与光的有限速度

13. 物理学与实在

（它不是无穷大）有关，另一方面，在20世纪初又发现了力学推论与实验事实之间的其他各种不一致，这些不一致与普朗克常数 h 的有限大小（它不是零）有关。特别是，分子力学要求固体的热量和（单色的）辐射密度应当随着绝对温度的下降而**成比例地**减少，然而经验却表明，它们的减少要比绝对温度的下降快得多。要想对这种现象作出理论解释，必须假定力学系统的能量不能取任意值，而只能取某些分立的值，其数学表示式总与普朗克常数 h 有关。而且，这种观念对于原子论（玻尔的理论）是至关重要的。无论是否有辐射的发射或吸收，关于这些状态彼此之间的跃迁无法给出因果定律，而只能给出统计定律。对于大约在同一时间得到认真研究的原子的放射性衰变，也可得出类似的结论。物理学家曾花了20多年时间，试图对系统和现象的这种"量子特性"作出统一解释，但没有成功。大约10年前，物理学家终于用两种完全不同的理论方法取得了成功。第一种方法归功于海森伯和狄拉克，另一种归功于德布罗意和薛定谔。没过多久，薛定谔就认识到，这两种方法在数学上是等价的。这里我将尝试概括出德布罗意和薛定谔的思路，因为它比较接近物理学家的思想方法，并附上一些一般思考。

首先，对于一个在经典力学意义上被指定的系统（能量函数是坐标 q_r 以及对应动量 p_r 的给定函数），如何为之指定一系列分立的能量值 H_σ 呢？普朗克常数 h 将频率 H_σ/h 与能量值 H_σ 联系起来。因此，它足以为该系统指定一系列分立的**频率值**。这让我们想起一个事实：在声学中，一系列分立的频率值是与一个线性偏微分方程（对于给定的边界条件），即与正弦的周期解相对应的。相应地，薛定谔认为自己的任务是把一个关于标量函数ψ的偏微分方程与给定的能量函数$\varepsilon(q_r, p_r)$对应起来，其中q_r和时间t都是独立变量。这样一来，他便成功地由（对于复函数ψ）方程的周期解实际得出了统计理论所要求的能量H_σ的理论值。

诚然，不可能把薛定谔方程的一个明确解$\psi(q_r, t)$与质点力学意义上的一种明确的运动联系起来。这意味着ψ函数并不能**精确地**决定q_r与时间t的关系。然而依照玻恩的看法，ψ函数的物理意义可以解释如下：$\psi\bar{\psi}$（复函数ψ的绝对值的平方）是系统在时刻t位于q_r的位形空间中所考察的那个点上的几率密度。因此，薛定谔方程的内容可以简单但不十分精确地概括如下：它决定着系统的统计系综的几率密度在位形空间中随时间的变化。简而言之，薛定谔方程决定着q_r的ψ函数随时间的变化。

必须提到，该理论在极限值会回到粒子力学的结果。若薛定谔问题的解所涉及的波长处处都很小，以至于在位形空间中一个波长的距离内，势能的变化几乎无限小，我们就可以在位形空间中选取一个区域G_0，虽然在任何方向都比波长大，但却比位形空间的相关尺寸小。在这些条件下，对于初始时刻t_0，可选择函数ψ，使它在区域G_0之外为零，并且按照薛定谔方程以如下方式变化：在以后的一段时间里至少近似保持着这种性质，但在时刻t，区域G_0移动到另一个区域G。这样就能近似地谈论整个区域G的运动，并且用位形空间中一个点的运动来近似这种运动。于是，这种运动就与经典力学方程所要求的运动相符了。

以粒子射线进行的干涉实验出色地证明，理论所假定的运动现象的波动特征的确符合事实。此外，该理论还轻而易举地成功证明了一个系统在外力作用下从一个量子态跃迁到另一个量子态的统计定律，而这在经典力学看来仿佛是奇迹。这里的外力由势能的一些与时间有关的微小附加项来表示。在经典力学中，这些附加项只能产生微小的系统改变，而在量子力学中无论多么大的变化都能产生，只是几率相应地很小，这与经验完全符合。甚至是放射性衰变的定律，该理论也能提供至少是概括性的解释。

也许从来没有一种理论像量子理论那样，能为解释和计算如此纷繁复杂的经验现象提供一把钥匙。但尽管如此，在寻求物理学的统一基础时，我认为这种理论容易诱使我们误入歧途，因为虽然只有量子理论能用力和质点这些基本概念建构出来（对经典力学的量子修正），但我相信它是对实在事物的一种**不完备的**描述。这种描述的不完备性必然导致定律的统计性（不完备性）。接下来我就来谈谈这种观点的理由。

首先要问，ψ函数能在多大程度上描述力学系统的实际状态？假定ψ_r是薛定谔方程的一系列周期解（按照能量值递增的顺序排列）。至于单个ψ_r在多大程度上是对物理状态的**完备**描述，这个问题我暂不考虑。一个系统先是处于状态ψ_1，对应于最低的能量ε_1，然后在有限的时间内受到小的外力扰动，那么在稍后的某个时刻，由薛定谔方程可以得到如下形式的ψ函数：

$$\psi = \Sigma c_r \psi_r$$

其中c_r是（复）常数。如果ψ_r是"归一化的"，那么$|c_1|$近乎等于1，$|c_2|$等等则远小于1。我们现在会问：ψ描述了系统的真实状态吗？如果答案为是，我们就不得不赋予[①]这个状态以确定的能量ε，且此能量略大于ε_1（在任何情况下都有$\varepsilon_1<\varepsilon<\varepsilon_2$）。然而，如果考虑到密立根对电荷分立本性的证明，这个假定与弗兰克和赫兹所作的电子碰撞实验是矛盾的。事实上，这些实验引出了这样的结论：介于量子值之间的能量值是不存在的。由此得知，函数ψ无法描述系统的同质状态，而只能代表一种统计描述，其中c_r表示单个能量值出现的几率。因此，情况似乎很清楚，玻恩关于量子理论的统计诠释是唯一可能的诠释。ψ函数不可能描述单个系统的状态，而是涉及多个系统，或者说统计力学意义上的"系综"。如果说除了某些特殊情形，ψ函数只提供关于可测量量的**统计**数据，这不仅是因为**测量操作**引入了只能在统计上把握的未知要素，而且也因为ψ函数在任何意义上都不描述**单个**系统的状态。不论单个系统是否受到外界的作用，薛定谔方程都决定着系综所经历的时间变化。

这种诠释也消除了我和两位同事最近证明的那个悖论，它与下面这个问题有关。

考虑由两部分系统A和B所组成的力学系统，这两部分系统只在有限时间内发生相互作用。假设发生相互作用前的ψ函数是已知的，则相互作用后的ψ函数由薛定谔方程决定。现在让我们通过测量来尽可能完备地确定部分系统A的物理状态，

[①] 因为根据相对论的一个已经充分证实的结论，一个静止的完整系统的能量等于它的整个惯性。而这必须有确定的值。

13. 物理学与实在

则根据量子力学，我们可以由所作的测量和整个系统的ψ函数来确定部分系统B的ψ函数。然而，这种确定所给出的结果却要依赖于被测量的是A的**哪个**（可观测的）物理量（比如是坐标还是动量）。既然相互作用后B只可能有一个物理状态，而且不能认为它依赖于我们对与B分隔开的系统A所作的测量，因此可以断言，ψ函数与物理状态并非明确对应。几个ψ函数与系统B的同一物理状态的这种对应再次表明，不能把ψ函数解释成对单个系统物理状态的（完备）描述。这里同样是ψ函数与系综的对应消除了所有困难。[①]

量子力学以这种简单的方式提供了从一个状态（表观上）不连续地跃迁到另一个状态的陈述，却不实际描述具体过程，这与该理论不能描述单个系统而只能描述多个系统的总和有关。我们第一个例子中的系数c_r在外力作用下其实变动很小。根据对量子力学的这种诠释，我们就可以理解，为什么这种理论很容易说明，微弱的扰动力就能使一个系统的物理状态发生任意大小的改变。事实上，这种扰动力只会使系综中的**统计密度**发生相应的微小变化，因此只会使ψ函数发生无限微弱的变化，对它的数学描述要比对单个系统所经历的有限变化进行数学描述容易得多。当然，这种思考方式完全弄不清楚单个系统发生了什么事情，统计进路的描述完全消除了这个谜一样的事件。

近年来，威尔逊云室和盖革计数器等令人惊异的发明已经把这些单个事件带到我们眼前。现在我要问，在这种情况下，

[①] 例如，对A的测量会涉及向较小系综的跃迁。后者（因此它的ψ函数）依赖于对系综的这种缩小所根据的是哪种观点。

难道真有哪位物理学家会相信，我们永远也无法理解单个系统的这些重要变化、其结构和因果关系吗？这在逻辑上不仅可能，而且无矛盾，但与我的科学本能格格不入，我无法放弃追求更完备的观念。

除了这些考虑，还有另一种思考也表明，量子力学所引入的方法不大可能为整个物理学提供有用的基础。在薛定谔方程中，绝对时间和势能扮演着决定性的角色，而由相对论已经认识到，这两个概念是原则上不能容许的。要想摆脱这种困难，就需要把理论建立在场和场定律而不是相互作用力的基础上。这引导我们把量子力学的统计方法应用于场，也就是说，应用于有无穷多自由度的系统。虽然迄今为止所作的尝试仅限于线性方程，从广义相对论的结果可以知道这是不够的，但即使是这样，目前面临的复杂性已经非常惊人。若要服从广义相对论的要求（原则上没有人会怀疑这种要求的合理性），复杂性肯定还会增加。

诚然，有人已经指出，鉴于一切在小尺度上出现的东西都有分子结构，可以认为引入空间-时间连续体是违反自然的。他们主张，海森伯方法的成功也许暗示，可以用一种纯代数方法来描述自然，也就是从物理学中取消连续函数。但那样一来，我们也必须原则上放弃空间-时间连续体。可以设想，人类的聪明才智有朝一日真能找到这样的方法，不过目前，这种纲领还像空中楼阁。

毫无疑问，量子力学已经把握住了许多真理，对于未来的任何理论基础来说，它都是一块试金石，因为它必须能作为极限情况从那个基础中推导出来,就像静电学能从麦克斯韦电磁场方程中推导出来,或者热力学能从经典力学中推导出来一样。但我不相信量子力学能作为寻求这种基础的**出发点**,就像不能相反地从热力学(关系到统计力学)出发找到力学的基础一样。

考虑到这种情况,认真考虑场物理学的基础是否无论如何都无法与量子现象协调起来,就显得完全合理了。采用目前的数学工具,难道不是只有以场论为基础,才能适应广义相对论的要求吗?今天的物理学家往往认为,这种尝试是没有希望的,这种信念也许来源于一个没有根据的看法,即认为这种理论在一级近似中必须导出粒子运动的经典力学方程,或者至少要导出全微分方程。事实上,到目前为止,所有以场来描述粒子的理论都含有奇点,我们无法就这些粒子的行为先验地说出任何东西。但**有一件事情**是确定的:如果一种场论可以不带奇点地描述粒子,那么这些粒子随时间的行为就完全由场的微分方程来决定了。

六、相对论与粒子

我现在要表明,根据广义相对论,场方程存在着不带奇点的解,可以解释为代表粒子。这里我只限于中性粒子,因为在最近发表的与罗森博士合作的另一篇论文中,我已经详细讨论了这个问题,而且因为在这种情况下,问题的实质可以完整地显示出来。

引力场完全由张量$g_{\mu\nu}$描述。在三指标符号$\Gamma_{\mu\nu}\sigma$中也出现了

逆变张量 $g_{\mu\nu}$，它被定义为 $g_{\mu\nu}$ 的子行列式除以行列式 g（$=|g_{\alpha\beta}|$）。要使 R_{ik} 能被定义且有限，不仅连续体每一点的邻近都要有一个坐标系，在这个坐标系中，$g_{\mu\nu}$ 及其一阶微分系数是连续和可微的，而且行列式 g 必须处处不为零。但如果用 $g^2 R_{ik}=0$ 来代替微分方程 $R_{ik}=0$，那么最后一个限制就不再需要，因为方程左边是 g_{ik} 及其导数的有理整函数。

这些方程有施瓦茨希尔德给出的中心对称解：

$$ds^2 = -\frac{1}{1-2m/r}dr^2 - r^2(d\theta^2+\sin^2\theta d\varphi^2) + \left(1-\frac{2m}{r}\right)dt^2$$

这个解在 $r=2m$ 处有一个奇点，因为 dr^2 的系数（即 g_{44}）在这个超曲面上变成无限大。但如果用下列方程定义的 ρ 来代替变量 r：

$$\rho^2 = r-2m$$

我们就得到

$$ds^2 = -4(2m+\rho^2)d\rho^2 - (2m+\rho^2)^2(d\theta^2+\sin^2\theta d\varphi^2) + \frac{\rho^2}{2m+\rho^2}dt^2$$

这个解对于 ρ 的所有值都是正则的。对于 $\rho=0$，dt^2 的系数（即 g_{44}）也等于零，由此固然可以推出行列式 g 等于零，但根据我们实际采用的场方程的写法，这并不构成奇点。

如果 ρ 从 $-\infty$ 变到 $+\infty$，则 r 就从 $+\infty$ 变到 $r=2m$，然后又回到 $+\infty$。而当 $r<2m$ 时，并没有对应的 ρ 的实数值。因此，通过把物理空间表示成沿着超曲面 $\rho=0$（也就是 $r=2m$）相接触的两个相同的"薄片"，在这个超曲面上，行列式 g 等于零，施瓦茨希尔德解就成了一个正则解。我们把两个（相同的）薄片之间的这种连接称为"桥"。于是，有限区域内两个薄片之间的这种桥

的存在就对应于物质中性粒子的存在，这种粒子可以用不带奇点的方式来描述。

解决中性粒子的运动问题，显然就相当于发现引力方程（写成不带分母的形式）的包含多个桥的解。

由于"桥"本质上是分立的，因此，上述观念先验地对应于物质的原子论结构。我们还看到，中性粒子的质量常数 m 必然为正，因为没有一个不带奇点的解能与 m 是负值的施瓦茨希尔德解相对应。只有考察多桥问题才能表明，这种理论方法能否解释为什么自然界的粒子具有相等的质量，以及能否说明量子力学已经如此美妙地理解的那些事实。

以类似的方式也可以表明，引力方程与电方程相结合（在引力方程中恰当选取电的部分的正负号）会产生对带电粒子的不带奇点的桥表示。在这种解当中，最简单的是无引力质量的带电粒子的解。

只要没有克服与多桥问题的解相关的巨大的数学困难，从物理学家的观点来看，就不能说这种理论有什么用处。但事实上，它第一次尝试以场论对物质的性质作出一致的解释。这种尝试的另一个优点是，它所基于的是今天已知最简单的相对论性场方程。

总 结

物理学构成了一个不断演化的逻辑思想系统，它的基础无法用归纳法从经验中提取出来，而只能靠自由发明而得到。这种系统的正当性（真理内容）在于导出的命题可以用感觉经验来证实，而感觉经验与基础的关系只能直觉地把握。物理学的演化使逻辑基础变得越来越简单。为了进一步接近这个目标，我们必须容许逻辑基础越来越远离经验事实，而从基础到那些与感觉经验相关联的导出命题的思想道路，也变得越来越艰难和漫长了。

我们的目标是尽可能简要地概述基本概念的发展及其与经验事实的关系，以及为达到系统的内在完美性而付出的努力。这些考虑旨在阐明在我看来目前的事态。（扼要的历史阐述难免会有主观色彩。）

我试图表明，物体、空间、主观时间和客观时间这些概念是如何彼此关联以及与我们的经验相关联的。在经典力学中，空间和时间概念是相互独立的。在这个基础中，物体概念被质点概念所取代，从而使力学从根本上成为原子论的。在试图使力学成为整个物理学的基础时，光和电产生了无法克服的困难。由此我们被引到电的场论，随后又尝试把物理学完全建立在场的概念的基础上。这种尝试引出了相对论（空间和时间概念演化成有度规结构的连续体的概念）。

此外我还试图表明，为什么我认为量子理论似乎无法为物理学提供恰当的基础：若把理论的量子描述当成对单个物理系统或事件的**完备**描述，就会陷入矛盾。

另一方面，场论尚不能解释物质的分子结构和量子现象。但我已经表明，相信用场论的方法无法解决这些问题，这乃是基于偏见。

14.理论物理学的基础

科学试图将我们杂乱无章的感觉经验与逻辑一致的思想体系对应起来。在这种体系中,个别经验与理论结构的对应关系必须是唯一且令人信服的。

感觉经验是给定的,而解释感觉经验的理论却是人为的,是极其艰苦费力的适应过程的结果:假设性的,永远不会有最终结论,始终受到质疑和挑战。

形成概念的科学方法与我们日常生活中使用的方法之间的区别不是根本上的,而只在于概念和结论有更精确的定义,实验材料的选择更加谨慎和有系统,以及逻辑上更加经济。最后这一点指的是,努力将所有概念和关系都归结为尽可能少的逻辑上独立的基本概念和公理。

我们所说的物理学包括这样一组自然科学,它们的概念建立在测量的基础上,其概念和命题可以作数学表述。相应地,我们全部知识中能用数学方式来表达的部分就被界定为物理学的领域。随着科学的进步,物理学领域已经大大扩张,似乎只受方法本身界限的限制。

物理学有很大一部分研究是致力于发展物理学的各个分支,每一个分支都旨在对有限范围的经验作理论上的理解,而且每个分支的定律和概念都尽可能与经验保持密切的联系。这门科学不断地专门化，在过去几个世纪里使实际生活发生了革命，使人类有可能从辛苦劳动的重负中解放出来。

另一方面，从一开始就一直有人试图找到所有这些学科的统一的理论基础，它由最少的概念和基本关系所组成，使各门学科的所有概念和关系都能逻辑地推导出来。这就是我们寻求整个物理学基础的意义所在。深信这个终极目标可以达到，是鼓舞研究者热情投入的主要源泉。因此，下面专门来讨论物理学的基础。

由前所述可以清楚地看到，这里所谓的"基础"与建筑物的基础并不相似。当然，从逻辑上看，物理学的各个定律都建立在这种基础上。建筑物会被风暴或洪水严重毁坏，而基础却安然无恙，然而在科学中，逻辑基础受到的来自新经验或新知识的威胁却总是大于与实验接触更为密切的分支。理论基础的重大意义就在于它与各个部分都有联系，但其最大的危险也正在于要面临任何新因素。然而，在所谓物理学的革命时代，其基础的改变并没有那么频繁和彻底，这是为什么呢？

牛顿的工作第一次试图奠定统一的理论基础。他的体系可以归结为以下几个概念：（1）具有不变质量的质点；（2）任何两个质点之间的超距作用；（3）质点的运动定律。严格说来，并不存在包含一切的基础，因为它所列出的明确定律只针对引力的超距作用，而对于别的超距作用，除了**作用**与**反作用**相等这条定律，并没有**先验地**确立任何东西。此外，牛顿本人也充分意识到，空间和时间作为具有物理效力的因素，是其体系的关键要素，但他对此并未明说。

事实证明，这种牛顿基础是卓有成效的，直到19世纪末一直被视为最终的。它不仅给出了天体运动最详细的细节，还给出了关于分立质量和连续质量的力学理论、对能量守恒原理的简单解释，以及完整而出色的热理论。在牛顿体系中，对电动力学事实的解释是比较勉强的，而自始至终最不能让人信服的就是光的理论。

牛顿不相信光的波动说是不足为奇的，因为这种理论极不适合他的理论基础。假定空间中充满了一种由质点组成的介质，传播光波却不显示任何其他力学性质，这在牛顿看来必定非常不自然。恒定的传播速度、干涉、衍射、偏振等支持光的波动性的最有力的经验证据，当时要么还不知道，要么还未整理清楚。因此他坚持光的微粒说是有道理的。

在19世纪，这场争论以波动说的胜利而告终。但人们并未对物理学的力学基础产生认真的怀疑，这首先是因为没有人知道到哪里还能找到另一种基础。只是在无法抗拒的事实压力下，才慢慢发展出一种新的物理学基础，即场物理学。

从牛顿时代起，超距作用理论就一直被认为是不自然的。不少人曾力图通过一种运动论，即基于假设质点的碰撞力来解释引力。但这些尝试都浅尝辄止，无果而终。空间（或惯性系）在力学基础中扮演的奇特角色已被清晰地认识到，并且受到了马赫的犀利批判。

法拉第、麦克斯韦和赫兹带来了伟大的变革，事实上这种变革多半是在不自觉的甚至违反当事人意愿的情况下实现的。

这三个人终其一生都认为自己是力学理论的信徒。赫兹发现了电磁场方程的最简单形式，并宣称任何导出这些方程的理论都是麦克斯韦理论。然而在他短暂的一生即将结束时，他写了一篇论文，提出物理学的基础是一种摆脱了力的概念的力学理论。

法拉第的思想可以说是我们从小就在摄取的养料食粮，它的伟大和大胆是怎样形容都不为过的。对于要把电磁现象归结为带电粒子之间超距作用的种种尝试，法拉第必定以准确无误的直觉看出了它们的人为性。散布在一张纸上的许多铁屑，怎么会知道附近导体中有带电粒子在到处跑呢？所存这些带电粒子似乎共同在周围空间中创造了一种状态，让铁屑排成某种秩序。这些空间状态今天被称为场，他深信，如果正确掌握了它们的几何结构和相互依存的作用，就可以找出神秘的电磁相互作用的线索。他把这些场设想为一种充满空间的介质中的机械应力状态，类似于弹性膨胀体中的应力状态。因为在当时，这是设想空间中连续分布状态的唯一可能的方式。从法拉第时代的力学传统来看，在背后为这些场保留独特的力学解释，这是对科学良知的某种安慰。借助于这些新的场概念，法拉第成功地对他和前人发现的全部电磁效应形成了定性的概念。麦克斯韦对这些场的时间－空间定律给出了精确的表述。当他用自己建立的微分方程，证明电磁场以偏振波的形式以光速传播的时候，该是怎样的感觉啊！世上很少有人有如此幸运。在那个激动人心的时刻，他肯定猜不到，光的谜一般的本性好像已经完全解决，竟还会继续困扰以后好几代人。与此同时，物理学家花了好几十年时间才理解了麦克斯韦发现的全部意义，他的天才迫使其同行必须在观念上作出大胆的跳跃。直到赫兹用实验证明了麦克斯韦电磁波的存在之后，对新理论的抗拒才告一段落。

但如果电磁场可以作为一种波独立于物质源而存在，那么就不能再把静电的相互作用解释成超距作用了。既然电的作用是如此，那么引力的情况也是如此。牛顿的超距作用处处都让位于以有限速度传播的场。

现在，牛顿的基础只剩下受运动定律支配的质点了。但汤姆孙指出，按照麦克斯韦的理论，运动的带电物体必定具有磁场，磁场能量正好是物体增加的动能。既然一部分动能是由场能组成的，难道全部动能就不能由场能组成吗？作为物质的基本属性，惯性或许能用场论来解释呢？这就引出了用场论来解释物质的问题，其解答可望提供对物质原子结构的解释。人们很快就意识到，麦克斯韦的理论无法实现这个纲领。从那以来，许多科学家都曾热情地试图通过某种推广，来寻求一种包含物质理论的完整场论。但迄今为止，这些努力都没有成功。要想构造一种理论，仅仅目标明确是不够的，还必须有一种形式观点，对无穷多种可能性加以充分限制。到目前为止，这种观点还没有找到，因此场论还没有成功地为整个物理学提供基础。

数十年来，大多数物理学家都坚信可以找到麦克斯韦理论的力学基础。但由于他们的努力没有获得令人满意的结果，人们渐渐承认，新的场概念是不可还原的基本要素。换句话说，物理学家不得不放弃力学基础的想法。

于是，物理学家持一种场论纲领。但它不再能被称为基础，因为谁也不敢说是否有一种一致的场论既能解释引力,又能解释物质的基本组分。在这种情况下,有必要把物质粒子看成服从牛顿运动定律的质点。洛伦兹在创建其电子理论和运动物体电磁现象理论时,使用的就是这种方法。

这就是世纪之交时基本概念的情况。当时,对于全部新现象的理论洞察和认识取得了巨大进展,但物理学统一基础的建立却似乎遥遥无期。这种事态又因为随后的发展而更加恶化。20世纪物理学的发展可以由相对论和量子论这两个本质上相互独立的理论体系来刻画。这两个体系并不直接相抵触,但似乎很难融合成统一的理论。接下来我想简要讨论这两个体系的基本观念。

相对论是在世纪之交时,为了在逻辑经济性上改进物理学的基础而产生的。所谓的狭义相对论基于一个事实,即在洛伦兹变换下,麦克斯韦方程(因此真空中光的传播定律)变换成同一形式的方程。麦克斯韦方程的这种形式上的性质可由一项十分可靠的经验知识来佐证:物理定律对于一切惯性系都相同。由此引出结论,洛伦兹变换(用于空间和时间坐标)必定支配着惯性系之间的转换。因此,狭义相对论的内容可以用一句话来总结:所有自然定律都必须对于洛伦兹变换协变。由此得知,两个相隔事件的同时性并不是固定不变的概念,刚体的大小和时钟的快慢都与运动状态有关。另一个推论是,一旦物体速度接近光速,就需要修改牛顿运动定律。它还导出了质能等效原理,质量守恒与能量守恒合为一个定律。一旦表明同时性是相对的,与参照系有关,物理学的基础就不再可能保留超距作用了，因为这个概念是以同时的绝对性为前提的（即必须能够说出两个相互作用的质点"在同一时刻"所处的位置）。

广义相对论的起源是，试图解释一个从伽利略和牛顿时代就已知晓，但一直无法作任何理论解释的事实：物体的惯性和重量本身是两种完全不同的东西，却用同一个常数（质量）去度量。由这种对应性可以得知，不可能通过实验来发现某个坐标系究竟在加速，还是在作匀速直线运动，而观察到的结果是由引力场引起的（这就是广义相对论的等效原理）。一旦引力进入，它就粉碎了惯性系的概念。这里需要指出的是，惯性系是伽利略－牛顿力学的一个弱点，因为它预先假定物理空间有一种神秘的性质，限制着惯性定律和牛顿运动定律在其中成立的那种坐标系。

这些困难可以通过以下假设来能避免：对自然定律的表述需使其形式对于任何运动状态的坐标系都相同。做到这一点正是广义相对论的任务。另一方面，由狭义相对论可以推出，时间－空间连续体中存在着黎曼度规，按照等效原理，它既描述了引力场，又描述了空间的度规性质。若假定引力的场方程是二阶微分方程，场定律就可以确定下来。

和牛顿力学一样，场物理学也把独立的物理性质赋予了空间，这些性质一直因为使用惯性系而被掩盖起来。广义相对论使场物理学摆脱了无能为力的状态。但还不能宣称，广义相对论的那些今天可被视为定论的部分，已为物理学提供了完整而令人满意的基础。首先，理论中出现的场是由两个逻辑上无关的部分组成的。其次，和以前的场论一样，该理论尚未提出关于物质原子结构的解释。这种失败或许与它至今无法理解量子现象有些关系。为了理解量子现象，物理学家被迫采用了全新的方法，现在我们就来讨论这些方法的基本特征。

1900年，在纯理论研究的进程中，普朗克作出了一项非常引人注目的发现：作为温度函数的物体辐射定律，不能只由麦克斯韦的电动力学定律推导出来。为了得到与有关实验相一致的结果，必须把特定频率的辐射当成由一些单个能量原子$h\nu$所组成，其中h是普朗克的普适常数。随后几年又发现，光处处都以这种能量子的形式被产生和吸收。特别是，尼尔斯·玻尔大体上理解了原子的结构，他假定原子只能有分立的能量值，原子之间不连续的跃迁与这种能量子的发射或吸收有关。这有助于说明，元素及其化合物在气态时为什么只辐射和吸收某些特定频率的光。所有这些现象都无法在先前的理论框架中得到解释。至少在原子论现象的领域中，任何事物的特征显然都由分立状态以及它们之间不连续的跃迁所决定，普朗克常数h扮演着决定性的角色。

下一步则是德布罗意迈出的。他问自己，借助于现有的概念，如何来理解分立的状态呢？他想起了与驻波的类比，比如在声学中，风琴管和弦的固有频率就是如此。诚然，这里要求的波动作用类型是未知的，但用普朗克常数h可以把它们构造出来，提出它们的数学定律。德布罗意设想，电子围绕原子核旋转与这种假想的波列有关，并通过对应波的停驻特征来理解玻尔"容许"轨道的分立特征。

既然力学中质点的运动是由作用于它们的力或力场来决定

的，因此可以预期，那些力场也会以类似的方式来影响德布罗意的波场。薛定谔表明了如何解释这种影响，他用一种巧妙的方法重新解释了经典力学的某些公式。他甚至成功地拓展了波动力学理论，以至于无需引入任何附加假说，它就能运用于由任意多个质点（即拥有任意多个自由度）组成的任何力学系统。这之所以可能，是因为由 n 个质点组成的力学系统在数学上基本等价于一个在 $3n$ 维空间中运动的单个质点。

基于这种理论，用其他理论似乎完全无法理解的大量事实都得到了很好的解释。但奇怪的是，事实证明，这些薛定谔波竟然无法与质点的明确运动联系起来，而这毕竟是整个构造原本的目标。

这个困难似乎是无法克服的，直到玻恩以意想不到的简单方式克服了它。不能把德布罗意-薛定谔的波场解释成对一个事件如何在时间和空间中实际发生的数学描述，尽管它们与这个事件当然是有关系的。毋宁说，它们是对我们关于该系统实际上所能知道的东西的数学描述。它们只能用来在统计上陈述和预测我们对该系统所能作的所有测量的结果。

让我用一个简单的例子来说明量子力学的这些一般特征。考虑一个质点，它被有限强度的力限制在一个有限的区域 G 内。若质点的动能低于某一界限，那么根据经典力学，质点永远也无法离开区域 G。然而根据量子力学，一段无法直接预测的时间过后，该质点却能沿一个不可预测的方向离开区域 G，逃入周围的空间。按照伽莫夫的说法，这个例子就是放射性蜕变的简化模型。

对这个例子的量子理论处理如下：在时刻t_0，薛定谔的波系统完全在区域G内。但从时刻t_0往后，这些波沿四面八方离开区域G内部，离开波的波幅要小于G内波系统的初始波幅。外面的波越是扩散，G内的波幅就越是减小，后来从G发出的波的强度也相应地减小。只有经过无限的时间，G内的波才耗尽，而外面的波则扩散到越来越大的空间中。

但这种波动过程与我们原本关心的对象，即起初包围在G内的粒子有什么关系呢？要回答这个问题，必须设想某种装置，让我们能对该粒子进行测量。例如，设想周围空间的某处有一块屏幕，粒子一碰到它就会粘住。于是，根据撞击屏上某一点的波的强度，就能推断粒子那时撞击屏上那一点的几率。粒子一撞击屏上某一点，整个波场就失去了全部的物理意义。它的唯一目的就是对粒子撞击屏幕的位置和时间（或者撞击屏幕时的动量）作出几率预测。

其他例子也是类似。该理论的目标是确定某一时刻对系统进行测量所得结果的几率。但它并不试图对空间和时间中实际存在或发生的事情作出数学描述。在这一点上，今天的量子理论与之前的所有物理学理论都有根本不同，无论是机械论的理论还是场的理论。它不对实际的空间–时间事件作出模型描述，而是对可能的测量给出作为时间函数的几率分布。

必须承认，新的理论构想并非凭空杜撰，而是源于经验事实的强迫力。迄今为止，所有通过直接诉诸空间–时间模型来描述光和物质现象中显示的粒子特征和波动特征的努力都以失败而告终。海森伯已经令人信服地表明，从经验的观点看，由于实验仪器的原子论结构，我们不可能对自然的严格决定论结构做出判断。因此，希望未来的知识能迫使物理学再度放弃目前的统计性理论基础，而支持能直接处理物理实在的决定论的理论基础，也许是做不到的。从逻辑上讲，这个问题似乎提供了两种可能性，我们原则上必须在两者之间进行选择。最终的选择取决于哪种描述的逻辑基础最简单。目前，我们完全没有任何决定论的理论既能直接描述事件本身，又能与事实符合。

我们暂时不得不承认，物理学还没有任何一般的理论基础可以被当作其逻辑基础。到目前为止，场论在分子领域已经失败。各方都同意，唯一可能充当量子理论基础的原理将能把场论翻译成量子统计学的形式。至于这最终能否让人满意，现在谁也不敢说。

包括我自己在内的一些物理学家都不相信，我们必须永远放弃那种直接描述空间和时间中的物理实在的想法，或者说必须接受这样一种观点，认为自然中的事件就像靠碰运气取胜的游戏。每个人都可以自由选择努力的方向，每个人也都可以从莱辛的一句名言中得到慰藉：追寻真理比占有真理更可贵。

15.科学的共同语言

通向语言的第一步是将声音或其他可交流的符号与感觉印象联系起来。至少在一定程度上，所有群居的动物很可能已经实现了这种原始的交往。语言发展的更高阶段是引入另一些符号，在表示感觉印象的符号之间建立起关系，并为人所理解。在这个阶段已经可以表达一连串较为复杂的印象，可以说语言已经产生了。如果说语言要让大家理解，那么一方面符号之间的关系必须有规则，另一方面，符号与印象之间必须有稳定的对应。使用同一种语言的人在童年时期主要靠直觉来把握这些规则和关系。当人们意识到符号之间的规则时，所谓的语法就建立起来了。

在早期阶段，词可以直接对应于印象。在后来的阶段，由于某些词只有与其他词连用时才能表达知觉之间的关系（比如"是""或""事物"这样的词），这种直接的关联就消失了。此时，指称知觉的是词组，而不是单词。当语言由此变得部分独立于印象背景时，其内在的融贯性就变得更大了。

只有进一步发展，经常使用所谓的抽象概念时，语言才成为真正意义上的推理工具。但也正是这种发展，使语言成为错误和欺骗的危险来源。词和词的组合在多大程度上对应于印世界，能完全决定语言的效果。

语言为什么与思维有这样一种密切关联呢？是不是不使用语言就没有思维，也就是说，在不一定需要想到词的概念和概念组合中，是不是就没有思维呢？我们每个人不是都有过这样的经历，虽然"事物"之间的关系已经清楚，但还是要绞尽脑汁琢磨词的使用吗？

如果一个人不受周围语言的指引就能形成自己的概念，我们就可能倾向于认为，思维活动是完全独立于语言的。然而，在这种情况下成长起来的人的心智能力很可能非常贫乏。因此可以断言，一个人的心智发展和形成概念的方式在很大程度上取决于语言。这使我们意识到，语言相同多多少少就意味着心智相同。在这个意义上，思维和语言是联系在一起的。

科学语言和我们通常理解的语言有何不同呢？科学语言为何是国际性的呢？科学追求尽可能清晰敏锐地描述概念之间的关系以及概念与感觉材料的对应。让我们以欧几里得几何和代数的语言为例来说明这一点。它们以少数独立引入的概念和符号进行操作，比如整数、直线、点，以及表示基本运算的符号，也就是那些基本概念之间的关联。这是构造或定义所有其他陈述和概念的基础。概念和陈述与感觉材料之间的关联是通过足够完善的计数和测量活动而建立的。

科学概念和科学语言的超国家性，缘于它们是由一切国家、一切时代最优秀的人建立起来的。他们独自进行着研究，但从最后的结果来看又像是通力合作，为技术革命创造了精神工具，在过去的几个世纪改变了人类的生活。他们的概念体系在杂乱无章的知觉中充当着向导，使我们学会从特殊观察中把握一般真理。

科学方法带给人类哪些希望和恐惧呢？我并不认为这是正确的提问方式。这种工具在人类手中会产生什么，完全取决于人类追求什么样的目标。一旦有了这些目标，科学方法就会提供实现目标的手段。但它提供不了目标本身。科学方法本身不会把我们引到任何地方，若不是热忱地追求清晰的理解，科学方法甚至根本就不会产生。

在我看来，完美的手段和混乱的目标似乎是这个时代的典型特征。如果我们真诚热情地追求安全、幸福，希望所有人的才能都能得到自由发展，那么我们并不缺少实现这个目标的手段。这样的目标即使只有一小部分人追求，最后也会证明比别的目标更好。

16.科学定律与伦理准则

科学寻求那些被认为独立于个体探索者而存在的关系。这包括人本身是研究对象的情形。科学陈述的对象还可能是我们自己创造的概念，比如在数学中就是这样。这些概念并不一定被认为与外界的任何物体相对应。然而，所有科学陈述和定律都有一个共同特点：它们是"真的或假的"（恰当的或不恰当的）。粗略地说，我们对它们的反应是"是"或"否"。

科学的思维方式还有一个特点。它用来建立连贯系统的概念并不是在表达情感。对科学家来说，只有"存在"，但没有期盼，没有价值，没有善，没有恶，没有目标。只要停留在科学本身的领域内，我们就永远不会遇到"你不应说谎"这样的句子。寻求真理的科学家身上有一种东西类似于清教徒的克制：他远离一切意愿的或情感的东西。顺便说一句，这个特征是现代西方思想所特有的缓慢发展的结果。

从这一点来看，逻辑思维似乎与伦理学毫不相干。的确，关于事实和关系的科学陈述不能产生伦理准则。但伦理准则可以通过逻辑思维和经验知识而变得合理和连贯。如果我们能就一些基本的伦理命题达成一致，那么只要原始前提表述得足够精确，其他伦理命题也可以从中导出。这些伦理前提在伦理学中所起的作用就类似于公理在数学中所起的作用。

因此，我们根本不觉得问"为什么我们不应撒谎？"这样的问题是毫无意义的。我们之所以认为这些问题是有意义的，是因为在所有这类讨论中，某些伦理前提都被默认为理所当然。当我们成功地将有关的伦理准则追溯到这些基本前提时，我们就会感到满意。就说谎而言，这种追溯可能是这样进行的：说谎破坏了对他人陈述的信任。没有这种信任，社会合作就会变得不可能或至少很困难。然而，这种合作对于使人的生活成为可能并且可以忍受是必不可少的。这意味着我们已经把"你不应说谎"这条准则追溯到了"人的生命应当得到保护"和"应当尽可能地减少痛苦和悲伤"等要求。

但这些伦理公理起源于什么？它们是任意的吗？仅仅基于权威吗？是否源于人的经验？是否间接受到这种经验的限制？

对于纯逻辑来说，所有公理都是任意的，包括伦理学的公理在内。但从心理学和遗传学的角度来看，它们绝不是任意的。它们源于我们与生俱来的避免痛苦和毁灭的倾向，以及个人对周围人行为的累积的情感反应。

道德天才由富有灵感的个人所体现，他们有幸提出了如此全面和有根据的伦理公理，以至于这些公理会被认为建立在大量个人情感经验的基础之上。对伦理公理的发现和检验与科学公理并没有太大区别。真理是经得起经验检验的东西。

17.对质能等价的一个初步推导

以下从未发表的关于质能等价定律的推导有两个优点。虽然它利用了狭义相对性原理,但它并没有假定该理论的形式结构,而只使用了三个先前已知的定律:

(1)动量守恒定律。

(2)辐射压力的表达式;也就是说,沿固定方向运动的一组辐射的动量。

(3)光行差(地球运动对恒星视位置的影响——布拉德雷)的著名表达式。

现在考虑以下系统。设物体 B 相对于系统 K_0 自由地静止于空间中。能量均为 $\frac{E}{2}$ 的两组辐射 S 和 S' 分别沿着正负 x_0 的方向运动,最终被 B 吸收。随着这种吸收,B 的能量增加了 E。由于对称性,物体 B 相对于 K_0 保持静止。

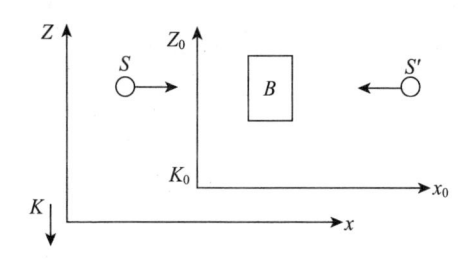

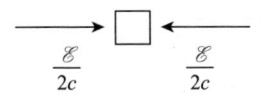

现在相对于系统K考虑同一过程，K相对于K_0沿着负Z_0的方向匀速运动。相对于K，对该过程的描述如下：

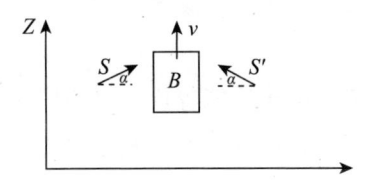

物体B沿着正Z的方向以速度v运动。两组辐射现在相对于K的方向与x轴成角α。光行差定律说，在一级近似下，$\alpha=\dfrac{c}{v}$，其中c是光速。从相对于K_0的考虑我们知道，B的速度v在吸收S和S'之后保持不变。

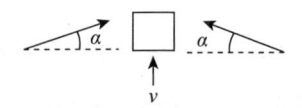

现在把相对于Z方向的动量守恒定律应用于K坐标系中的我们的系统。

I. 吸收之前，设M为B的质量，于是（根据经典力学），Mv是B的动量表达式。每一组辐射都有能量$\dfrac{E}{2}$，因此，根据麦克斯韦理论的一个著名结论，它有动量$\dfrac{E}{2c}$。严格说来，这是S相对于K_0的动量。然而，当v相对于c很小时，除了一个二级数量级的量（$\dfrac{v^2}{c^2}$比1），相对于K的动量是相同的。这个动量的z-分量

17. 对质能等价的一个初步推导

是 $\frac{E}{2c}\sin\alpha$，或者具有足够精确性的 $\frac{E}{2c}\alpha$ 或 $\frac{E}{2}\cdot\frac{v}{c^2}$（除了更高数量级的量）。于是，$S$ 和 S' 沿 z 方向的动量之和为 $E\frac{v}{c^2}$。因此，吸收之前该系统的总动量为：

$$Mv + \frac{E}{c^2}\cdot v。$$

II. 吸收之后，设 M' 为 B 的质量。这里我们预计这样一种可能性：质量随着能量 E 的吸收而增加（这对于我们最终结果的一致是必要的）。于是，吸收之后系统的动量为

$$M'v。$$

现在我们假设动量守恒定律，并将它应用于 z 方向。这便给出了方程

$$Mv + \frac{E}{c^2}\cdot v = M'v$$

或

$$M' - M = \frac{E}{c^2}。$$

这个方程表达了能量与质量的等价定律。能量的增加 E 与质量的增加 $\frac{E}{c^2}$ 有关。根据通常的定义，能量留下一个附加的常数未定，所以我们可以选取这个常数，使

$$E = Mc^2。$$

公共事务

18.为什么要社会主义?

一个不是专门研究经济社会问题的人,却要对社会主义这个话题发表意见,这是否恰当呢?从一些理由来看,我相信是恰当的。

我们先从科学知识的观点来考察这个问题。天文学和经济学似乎并没有根本的方法论差异:这两个领域的科学家都试图发现对一组有限范围的现象普遍适用的定律,以尽可能清晰地理解这些现象之间的联系。但实际上的确存在着这种方法论差异。在经济学领域,发现普遍定律非常困难,因为观察到的经济现象常常受到许多难以独立评价的因素的影响。此外,正如大家所知,从人类历史的所谓文明时期开始积累的经验,在很大程度上绝非只受经济原因的影响和制约。例如,历史上多数大国都依靠征服而存在。征服者在法律和经济上自封为被征服国家的特权阶层。他们垄断土地所有权,指派自己人担任教士。教士控制了教育,把社会的阶层划分固定成永久的制度,并且创造出一种价值体系,不知不觉地引导着民众的社会行为。

但历史传统可以说是昨天之事,无论在哪里,我们都还没有克服凡勃伦所说的人类发展的"掠夺阶段"。可观察的经济事实都属于这个阶段,甚至连由此导出的定律也不适用于其他阶段。既然社会主义的真正目的就在于克服并超越人类发展的掠夺阶段，所以目前状态下的经济科学就无法阐明未来的社会主义社会。

其次，社会主义以一种社会道德目的为导向。然而，科学创造不出目的，更不用说把目的灌输给人了，科学顶多只能为达成某些目的提供手段。但目的本身是由那些具有崇高道德理想的人构想出来的，只要没有胎死腹中，而是有生命活力，这些目的就会被许多人采纳和推进，这些人半自觉地决定着社会的缓慢演化。

基于这些理由，在讨论人的问题时，应当注意不要过高估计科学和科学方法。我们不应认为，只有专家才有权对影响社会组织的问题发表看法。

一段时间以来，无数人都说人类社会正在经历一场危机，其稳定性已经遭到严重破坏。这种状况的典型特征是，个人对于所属的群体（不论大小）漠不关心，甚至保持敌意。为了说明我的意思，这里我想讲一件亲身经历的事情。不久前，我同一个聪明而温和的人讨论下一场战争的威胁，我认为那会严重危及人类的生存。我说，只有一个超国家组织才能防止那种危险。而这位客人却无动于衷，他冷冷地对我说："您为什么要强烈反对人类灭绝呢？"

我相信，短短一个世纪以前，不会有人那么轻率地说出这种话。说这话的人曾力求达到内心的平衡，但失败了，而且多多少少已经失去了成功的希望。这番话所表达的痛苦、寂寞和孤独，正是今天许多人的内心写照。原因究竟是什么？是否有出路？

提出这样一些问题很容易，但却难以给出确切的回答。不过我还是要试试，尽管我很清楚，我们的感情和努力常常矛盾不清，无法用简易的公式表达出来。

人既是孤独的存在，又是社会的存在。作为孤独的存在，他试图保卫自己和至亲的生存，满足个人的欲望，并且发展天赋才能。作为社会的存在，他试图得到同胞们的认可和喜爱，分享他们的快乐，悲痛时给予安慰，并且改善其生活条件。解释一个人特殊性格的，正是这些多种多样、时常相互冲突的努力，它们特定的结合决定了一个人能在多大程度上达到内心的平衡，以及对社会福祉作出多少贡献。这两种驱动力的相对强度很可能主要由遗传决定，但一个人最后显现出来的个性主要取决于他的发展环境、社会结构、社会传统以及社会对各种特殊行为的评价。对于个人来说，"社会"这个抽象概念意指他对同时代人以及所有前人的直接与间接关系的总和。一个人自己能够思考、感觉、努力和工作，但他在身体、理智、感情等方面的生存却极大地依赖于社会，以至于不可能在社会框架之外思考或理解他。正是"社会"给人提供了粮食、衣服、住所、劳动工具、语言、思想形式和大部分思想内容。古往今来亿万人的劳动和成就使他的生活成为可能，而他们全都隐藏在"社会"这个小小的语词背后。

因此，个人对社会的依赖显然是一个无法抹杀的自然事实，就像蚂蚁和蜜蜂一样。然而，蚂蚁和蜜蜂的整个生命过程在最小的细节上都由不变的遗传本能所决定，而人类的社会模式和相互关系却多种多样、容易改变。记忆力、重新组合的能力、口头交流的禀赋,已经使人大大发展,不再受制于生物学上的必然性。这些发展可见于传统、制度和组织,可见于文学、科学和工程成就,还可见于艺术作品。这解释了为什么人能在某种意义上通过自己的行为来影响生活,而且自觉的思考和希望能在这种过程中起作用。

人出生时通过遗传获得了一种固定不变的生物学体质,包括人类那些典型的自然冲动。此外,人在一生中也通过交流和其他各种类型的影响而从社会中得到了一种文化体质。这种文化体质会随时间而变化,它在很大程度上决定着个人与社会的关系。现代人类学通过所谓原始文化的比较研究告诉我们,人类的社会行为可以相差很大,这取决于流行的文化模式和社会中占主导的组织类型。那些力图改善人类命运的人可以把希望建基于此:人类并非因其生物学体质而注定要彼此毁灭,或者要完全受制于一种残酷的自作自受的命运。

如果我们问自己,应当如何改变社会结构和人的文化态度,才能使人生尽可能让人满意,我们就应谨记在心,有些条件是我们无法改变的。如前所述,人的生物学本性实际上是不会变化的。此外,过去几个世纪的技术和人口发展已经创造出一些被广泛接受的条件。在人口相对稠密的地区,要想生产生活必需品,必须有极细的劳动分工和高度集中的生产设备。个人或者相对较小的群体能够完全自给自足的田园般的时代已经一去不复返了。说得夸张一点,人类现已组成一个生产和消费的地球集体。

现在可以简要说明这个时代危机的本质究竟是什么。在我看来，它涉及个人与社会的关系。现代人比以往更能意识到自己对社会的依赖，但并未把这种依赖看成一种正面资产、一条生命纽带或者保护的力量，而是视之为对其自然权利乃至经济生活的威胁。此外，人在社会中的地位会不断加强其性格中的唯我论驱力，而天生较弱的社会驱力却会逐渐衰退。所有人，不论其社会地位如何，都会遭遇这种衰退过程。他们不知不觉沦为唯我论的囚徒，感到不安与孤独，失去了朴素单纯的生活乐趣。人生短暂而艰险，只有献身于社会，才能找到生命的意义。

依我之见，资本主义社会的经济无政府状态乃是今天这种祸害的真正根源。我们看到了一个庞大的生产者集体，其成员不断努力剥夺他们集体劳动的果实，不是通过暴力，而是整体上严格按照法定规则进行的。在这方面重要的是认识到，按照法律，生产资料（即生产消费商品和附加的资本商品所需的全部生产能力）可以是而且大部分已经是个人的私有财产。

为简单起见，在接下来的讨论中，我将把所有那些不占有生产资料的人统称为"工人"，虽然这并不完全符合该词的习惯用法。生产资料的占有者可以购买工人的劳动力。通过使用生产资料，工人生产出新的商品，成为资本家的财产。这个过程的关键在于，工人生产的商品与获得的报酬之间的关系（两者都以实际价值来衡量）。在劳动合同是"自由"的情况下，工人的收入并非取决于他所生产商品的实际价值，而是取决于他的最低需求，以及资本家对劳动力的需求与多少人竞争工作的关系。关键是要明白,即使在理论上,工人的报酬也不是由产品的价值决定的。

私人资本往往集中在少数人手里,这部分是因为资本家之间的竞争,部分是因为技术发展和不断增长的劳动分工促成了更大的生产单位,而牺牲了较小的生产单位。这些发展造成了私人资本的寡头政治,其巨大权力甚至连民主的政治社会也无法有效地遏制。事实的确如此,因为立法机关的成员是由政党选出来的,而这些政党基本上由私人资本家资助或者受他们影响,他们实际上将选民与立法机关分离开来。结果导致人民代表实际上无法充分保护弱势人群的利益。此外,在目前的情况下,私人资本家必然会直接或间接地控制报刊、广播、教育等主要信息来源。因此,公民要想得出客观的结论,并且理智地运用其政治权利,那是极为困难的,多数情况下则完全不可能。

因此,在以资本私有制为基础的经济中,常见的情况以两条主要原则为典型特征:第一,生产资料(资本)为私人所有,所有者可以随意处置;第二,劳动合同是自由的。当然,在这个意义上,**纯粹的**资本主义社会是不存在的。尤其应当注意到,通过长期艰苦的政治斗争,某些行业的工人已经得到了形式上有所改善的"自由劳动合同"。但整体来看,今天的经济与"纯粹的"资本主义并无多少差别。

生产是为了利润,而不是为了使用。没有条款规定,凡是有能力工作并且愿意工作的人总有就业机会。"失业大军"几乎一直存在着,工人时常害怕失去工作。既然失业的和薪酬微薄的工人提供不了有利可图的市场,消费品的生产就会受到限制,从而导致严重的困境。技术进步往往导致更多的失业，而不是减轻工作负担。资本家的追逐利润和彼此之间的竞争，造成资本积累和利用的不稳定，从而导致经济越来越萧条。无限制的竞争导致劳动力的巨大浪费，以及前面谈到的个人社会意识的严重削弱。

这种对个人的戕害，我认为是资本主义的最大弊病。我们整个教育制度都深受其害，将夸张的竞争心态灌输给学生，训练他们崇拜贪婪好胜，为日后的职业生涯作准备。

我深信，只有**一种**办法才能消除这些严重弊病，那就是建立社会主义经济，并且配上一套以社会目标为导向的教育制度。在这种经济制度中，生产资料归社会本身所有，并且有计划地加以利用。计划经济会按照社会需求来调节生产，分配工作给所有能够工作的人，并且保障男女老幼的生计。至于对个人的教育，除了促进他本人的天赋才能，还要尝试培养他对同胞的责任感，以取代当今社会对权力和名利的颂扬。

然而必须记住，计划经济还不是社会主义。计划经济本身可能伴随着对个人的完全奴役。实现社会主义需要解决一些极为困难的社会政治问题：鉴于政治经济权力的高度集中，如何才能防止官僚系统变得权力过大和目空一切呢？如何才能让个人权利得到保护，从而确保民主力量能与官僚权力相抗衡呢？

19.黑人问题

写这篇文章时,我才和你们在美国共同生活了十年多一点。我是带着一种严肃和警觉的态度来写它的。许多读者可能会问:"对于那些只有我们关心而初来者绝不会触及的事情,他有什么发言权呢?"

我认为这样的观点是站不住脚的。在某种环境中成长起来的人,会有许多理所当然的看法。而一个成熟的人来到这个国家,也许会带着敏锐的眼光去打量任何特殊的事物。我认为他应当畅所欲言,说出自己的所见所感,因为这样一来,他也许可以证明自己是有用的。

正是人民当中的那种民主特质,使得新来者很快就会献身于这个国家。这里我想到的主要不是这个国家的民主政体,无论它理应受到多高的赞扬。我想到的是个人之间的关系,以及他们彼此之间的态度。

在美国,每个人都对自己作为个人的价值信心满满。没有人会在另一个人或阶级面前卑躬屈膝。即使是财富的巨大差异和少数人的特权,也不能破坏这种健康的自信和对同胞尊严的自然尊重。

然而,美国人的社会观有一个阴暗之处。他们的平等意识和人格尊严主要局限于白种人。甚至在白种人中间，也存在着我作为犹太人可以清楚地意识到的偏见；但与"白人"对待肤色较深的同胞特别是黑人的态度相比，这些偏见并不重要。我越觉得自己是美国人，这种情况就越让我痛苦。我只有直言不讳，才能摆脱同谋的感觉。

许多真诚的人会回答我："我们对待黑人的态度源于我们在这个国家与黑人共同生活的不愉快经历。他们在智力、责任感、可靠性等方面比不上我们。"

我坚信，任何这样想的人都受到了一种致命误解的影响。你们的祖先用武力把这些黑人赶出家园；白人追求财富和安逸的生活，而他们却受到无情的压迫和剥削，沦为奴隶。针对黑人的现代偏见乃是源于希望维持这种无耻的状况。

古希腊人也有奴隶。他们不是黑人，而是在战争中被俘的白人。因此，种族差异是谈不上的。然而，伟大的希腊哲学家亚里士多德却宣称奴隶是低等的存在，他们被正义地征服并且被剥夺了自由。显然，他陷入了一种传统的偏见，尽管他拥有非凡的才智，但还是无法从中摆脱。

我们对事物的态度在很大程度上取决于我们小时候不自觉地从周围环境中吸收的观点和情感。换言之，除了遗传的才能和品质，正是传统使我们成为现在这个样子。我们很少去思考，与传统的强大影响相比，自觉的思想对我们行为和信念的影响是多么小。

轻视传统是愚蠢的。但随着我们自我意识的增强和理智的提高，我们必须开始控制传统，并且对传统持一种批判态度，这样才能使人与人的关系变得越来越好。我们必须努力认识到，在我们业已接受的传统中，是什么在损害我们的命运和尊严，并据此塑造我们的生活。

我相信，任何一个力图诚实地思考问题的人很快就会认识到，针对黑人的传统偏见是多么可耻甚至致命。

然而，善良的人如何来对抗这种根深蒂固的偏见呢？他必须有勇气用言行树立榜样，必须警惕自己的孩子受到这种种族偏见的影响。

我不相信有什么方法能够迅速根除这一根深蒂固的罪恶。但在这个目标实现之前，对于一个正直而善良的人来说，最令人满意的莫过于认识到，他已经完全投身于这项正义的事业。

20.科学与社会

科学影响人类事务有两种方式。第一种方式大家都很熟悉：科学直接产生的、在更大程度上是间接产生的帮助完全改变了人类的生活。第二种方式是教育性的，它作用于心灵。虽然粗略的考察可能不足以看清楚它，但其深刻性绝不亚于第一种方式。

科学最明显的实际效果在于使那些丰富生活的东西能被发明出来，尽管这些东西同时也使生活变得复杂，比如蒸汽机、铁路、电力和电灯、电报、无线电、汽车、飞机、炸药等发明。除此之外，还应加上生物学和医学在护生方面的成果，特别是止痛药的生产和储存食物的防腐方法。在我看来，所有这些发明给人类带来的最大的实际好处在于把人类从繁重的体力劳动中解放出来，而这种劳动曾是维持生存所不可或缺的。如果我们今天可以宣称奴隶制已被废除，那么这要归功于科学的实际结果。

另一方面，技术或应用科学使人类面临着极为严重的问题。人类能否幸存下去取决于这些问题的圆满解决。这需要建立一种社会制度和传统，没有这些制度和传统，新工具就不免会带来最严重的灾难。

在一种无组织的经济制度中，机械化的生产手段已经导致很大一部分人不再被商品生产所需要，因此被排除在经济流通过程之外。其直接后果是购买力减弱和过度竞争所导致的劳动力贬值，而这又以越来越短的间隔导致商品生产的严重瘫痪。另一方面，生产资料所有制所承载的权力是我们政治制度的传统保障所难以对抗的。人类正在为适应这些新情况而斗争，如果我们这代人能够胜任，那么这场斗争可能会带来真正的解放。

技术还缩短了距离，并且创造出新的极为有效的破坏手段，这些手段如果掌握在声称行动自由不受限制的国家手中，就会对人类的安全和生存构成威胁。这种情况要求有一个全球性的司法行政机构，而建立这样一个中央权威机构却遭到民族传统的强烈反对。这里，我们同样处于一场斗争中，它的结局将决定我们所有人的命运。

最后，印刷文字的复制过程和无线电等通讯手段如果与现代武器相结合，就会使身体和灵魂有可能受到一个中央权威机构的奴役，这是人类面临的第三个危险源。现代暴政及其破坏性后果清楚地表明，我们距离有组织地利用这些成就为人类造福还有很远。这里的情况同样需要一种国际解决方案，而这种解决方案的心理基础尚未建立起来。

现在让我们谈谈科学对理智的影响。在前科学时代，单凭思想是不可能获得能被所有人视为确定和必然的结果的。要让所有人都相信自然界发生的一切都服从于无情的定律就更不可能了。原始观察者所看到的自然定律的片段性只能加深一种对鬼魂和神灵的信仰。因此，即使在今天，原始人也会始终担心超自然的反复无常的力量会干预他的命运。

科学永远值得称道的是，通过作用于人的心灵，它克服了人在面对自己和大自然时的不安全感。在创造初等数学的过程中，希腊人第一次形成了一套思想体系，其结论是任何人都逃避不了的。随后，文艺复兴时期的科学家们将系统实验与数学方法结合起来。这种结合使人们有可能把自然定律表述得极为精确，并且非常确定地对它们进行经验检验，以至于自然科学中不再可能有基本的意见分歧。从那时起，每一代人都使知识和理解的遗产有所积累，而丝毫没有可能危及整个结构的危险。

普通公众也许只能在一定程度上了解科学研究的细节，但它至少能带来一个巨大而重要的收获：相信人的思想是可靠的，自然定律是普遍的。

21. 通向一个世界政府

我和芝加哥大学三位学生的一次谈话给我留下了深刻的印象。它向我展示了这个国家年轻一代的责任感和主动性。这些学生意识到，新一代人的命运将在这几年内决定。他们决心尽可能地影响事态的发展。

目前的形势如何呢？技术和战争工具的发展似乎已经使地球缩小。经济上的相互联系使各国命运的相互依存程度远远超过以前。现有的毁灭性武器使地球上没有任何地方可以免遭突然的彻底摧毁。唯一的保障希望在于以一种超国家的方式来确保和平。必须建立一个能够通过司法仲裁来解决国家间冲突的世界政府。该政府必须建立在一个得到各个政府和国家认可的清楚明确的宪章基础上，并由该宪章赋予它唯一的进攻性武器处置权。一个人或一个国家只有愿意将其军事力量让渡给这个国际权威机构，并且放弃通过使用武力在国外攫取利益的一切企图或甚至手段，才能被认为是热爱和平的。

显然，在第二次世界大战结束以来的一年里，政治关系的发展丝毫没有使我们更接近实现这一目标。今天的联合国既没有军事力量，也没有法律依据来实现国际安全。它也没有考虑到实际的权力分配。目前真正的权力掌握在少数国家手中。毫不夸张地说，实际问题的解决完全取决于美国与俄国之间能否在广泛基础上达成协议。因为如果达成这项协议，那么仅凭这两个大国就能使其他国家在为所有国家建立军事安全所必需的程度上放弃主权。

现在很多人会说，在目前的形势下，与俄国达成基本协议是不可能的。如果美国在过去一年里在这方面做过认真的尝试，那么这种说法是有道理的。然而，我发现实际情况恰恰相反。没有必要不顾俄国的反对，接受法西斯的阿根廷进入联合国。没有必要在短期内不大会有军事威胁的一年里毫不松懈地制造新的原子弹，并且拨款120亿美元用于防御。也没有必要推迟针对佛朗哥统治的西班牙的拟议措施。这里没有必要重述各种细节来表明我们没有采取任何行动来减轻俄国的不信任。考虑到过去几十年发生的事情，这种不信任很容易理解。对于它的产生，我们要付很大责任。

永久和平不能靠威胁，而只能通过真诚地努力建立互信来实现。也许有人认为，在这个星球上创造一种体面的生命形式，避免彻底毁灭的危险，这种希望会抑制有责任心的人的激情。年轻的朋友们，请勿相信这一点。愿你们成功地在这个意义上激励年轻一代，使之能为一种大规模的和平政策而努力。这样一来，你们不仅可以成功地保卫自己，还能以前所未有的方式为你们的国家和后代服务。

22.出路

原子弹的制造已经导致生活在城市中的人随时随地都有突然毁灭的危险。毫无疑问，人类若想证明自己至少在某种程度上配得上"智人"这个自选的封号，就必须消除这种状况。然而，为了实现所期望的安全，必须在多大程度上牺牲历史上发展起来的传统社会政治形态，仍然存在着广泛的分歧。

第一次世界大战之后，我们在解决国际冲突方面面临着一个悖谬的局面。为了在国际法的基础上和平解决这些冲突，已经设立了一个国际法庭。此外，为了通过国际谈判确保和平，某种世界议会中的政治工具又以国际联盟的形式被建立起来。统一在联盟中的国家又进一步宣布以战争解决冲突的方法为犯罪。

于是，各个国家被灌输了一种安全的幻想，它不可避免会导致痛苦的失望。因为如果得不到权威和权力的支持来执行其裁决，最好的法庭是毫无意义的。世界议会的情况也是如此。一个拥有足够军事和经济实力的国家很容易诉诸暴力，并且自愿摧毁建立在一纸空文基础上的整个超国家安全结构。仅靠道德权威不足以保证和平。

联合国组织目前正在经受考验。它也许最终会成为我们迫切需要的"没有幻想的安全"机构。但是在我看来,它还没有超出道德权威的范畴。

我们的形势因其他情况而变得更加严峻,这里只介绍其中两种情况。一个国家尽管从官方的角度谴责战争,但只要不得不考虑参与战争的可能性,它就必须影响和教育其公民(特别是青年人),使他们在战争发生时很容易成为有能力的士兵。因此,它不仅要培养一种技术性的军事训练和思维方式,还要在民众中灌输一种民族虚荣精神,以确保他们在内心中对战争爆发有所准备。当然,这种教育阻碍了为任何超国家安全组织建立道德权威的一切努力。

另一个技术因素进一步加剧了我们这个时代的战争危险。现代武器,特别是原子弹,已经使进攻或袭击手段比防御手段更有优势。这很可能会导致,即使是负责任的政治家也会被迫发动一场预防性战争。

鉴于这些显而易见的事实,我认为只有**一条**出路。

有必要建立条件,以确保各国有权在法律基础上并且在国际管辖之下解决与其他国家的冲突。

有必要通过一个超国家组织来阻止各国发动战争,该组织拥有完全受其掌控的军事力量。

只有当这两个条件完全满足时,我们才有把握相信,我们不会于某一天消失在大气中,分解成原子。

从目前流行的政治心态来看,指望在短短几年内实现这些条件看来是虚幻的,甚至是不切实际的。但我们又不能等待历史的逐渐发展来自动实现这些条件。因为只要我们未能实现超国家的军事安全，上述因素就总能把我们强行引向战争。如果我们不能坦率而坚决地剥夺国家权力范围的军事力量，并将这种权力移交给一个超国家的权力机构，那么事实将会证明，对我们而言，对突然袭击的恐惧甚至要比对权力的欲望更具灾难性。

考虑到这项任务所涉及的困难，有一点我毫不怀疑。**当所有人都清楚地看到，没有其他更便宜的办法可以摆脱目前的状况时，我们将能够解决这个问题。**

现在，我觉得自己有义务谈谈解决安全问题的几个步骤。

1.主要军事大国相互检查用于生产进攻性武器的方法和装置，并且交换有关的技术和科学发现，至少暂时会减少恐惧和不信任。利用这喘息之机，我们必须准备更周密的措施。因为在迈出这预备性的一步时，应当自觉地认识到，最终目标是使军事力量完全非国家化。

这第一步是必要的，它使任何相继的动作成为可能。但我们应当警惕，不要以为它的执行会立即带来安全。就未来可能发生的战争而言，仍然存在军备竞赛的可能性，而且总是存在一种诱惑，要通过"地下"方法再次保守军事秘密，即对战争方法和手段的知识以及实际准备情况保密。真正的安全与军事力量的非国家化息息相关。

2.这种非国有化可以通过不断增加各国军队之间的军事和

科技人员互换来实现。这种互换应当遵循一个精心制定的方案，旨在将各国军队系统地转变为一支超国家的军事力量。有人也许会说，一个国家的军队是民族感情最不可能削弱的地方。即便如此，我们也可以以一种至少与超国家军队的建设相称的速度使人对民族主义逐步免疫。将民族主义与超国家军队的招募和训练整合起来，可以促进整个过程。人员互换的过程将会进一步减少突袭的危险，并且为军事资源的国际化奠定心理基础。

与此同时，最强大的军事大国可以为超国家安全组织和仲裁委员会起草工作文件，并参照各国情况就这些组织的义务、权能和限制起草法律依据和明确规定。它们还可以对设立和维持这些机构的选举条款作出决定。

一旦就这些要点达成一致，就可以保证不再发生世界范围的战争。

3.上述机构现在可以开始运作了。然后，各国残余的军队要么解散，要么置于这个超国家权力机构的统帅之下。

4.最重要的军事大国的合作得到保证之后，如果可能的话，应当尝试将所有国家纳入这个超国家组织，前提是它们自愿决定加入。

这份大纲也许会给人一种印象，即目前主要的军事大国将被赋予过于主导的角色。然而，我试图提出这个问题，是为了足够迅速地认识到这个问题，以使我们避免比这项任务本身所固有的困难更大的困难。当然，在最强大的军事大国之间达成初步协议也许要比在大大小小所有国家之间达成初步协议更容易，因为由所有国家的代表所组成的机构对于迅速取得哪怕初步的成果都是一种极其笨拙的工具。即便如此，我们面临的任务仍然要求有关各方怀有最大的睿智和宽容，只有认识到我们不得不面对的严酷的迫切需要，才能实现这一点。

23. "世界一家"获奖感言

你们授予我的这项殊荣让我至为感动。在漫长的人生中，我从同胞那里得到的认可远远超出了我的应得。必须承认，我的愧疚总是超过欣喜。但这种痛苦从来没有像今天这样超过快乐。因为当今所有关心和平以及理性与正义胜利的人都必定会清楚地意识到，理性和诚实善良对于政治事件的影响是多么微不足道。但无论这种影响有多么小，无论未来的命运如何，我们都可以确信，倘若没有那些关注人类幸福的人们的不懈努力，人类的命运会比现在还要糟糕。

在此存亡攸关之际，我们必须首先向同胞们说明：武力万能的信念在政治生活中占了上风，这股力量已经有了自己独立的生命，连那些只把它用作工具的人都无法驾驭。将国家军事化的建议不仅使我们直接面临战争的威胁，而且必将逐步摧毁这片土地上的民主精神和个人尊严。宣称国外事件迫使我们武装起来是错误的，我们必须竭力与之斗争。事实上，从他国的反应来看，我们重整军备的行为只会造成其倡导者不愿见到的局面。

只有一条道路可以通向和平和安全，那就是超国家组织之路。各国单方面进行武装，只会加剧普遍的不安与混乱，无法形成有效的保障。

24.科学与文明

正是在我们今天普遍经历的这种经济危难时期,人们才会非常清楚地看到活在一个民族中的道德力量有多么强大。让我们展望,在未来某个时期,欧洲在政治和经济上实现了统一,那时的历史学家可以作出判断:在我们这个时代,这个大陆的自由和荣誉被其西方各国所挽回,这些国家在困难时期坚决抵抗仇恨和压迫的诱惑;西欧成功地捍卫了个人的自由,这种自由给我们带来了知识和发明的每一次进步,没有这种自由,一个有自尊的人的生命就没有价值。

对一个多年来视我如己出的国家[①]的行为进行评判,不可能是我今天的任务;在唯有行动才重要的时代作出评判,也许是徒劳的。

今天,我们关心的问题是:如何才能拯救人类及其精神财富?如何才能使欧洲免于一场新的灾难?

毫无疑问,世界危机及其导致的苦难和贫困在某种程度上要为我们所目睹的危险动乱负责。在这些时期,不满滋生仇恨,仇恨又引发了暴力和革命,甚至常常导致战争。于是,苦难和

---

① 这里指德国。——译者

罪恶又产生了新的痛苦和新的罪恶。与20年前一样，主要的政治家们再次肩负着巨大的责任。愿他们能够及时达成协议，在欧洲为统一而明确的国际义务创造条件，从而使每个国家都看到，军事冒险是完全没有希望的。但只有得到人民认真而坚定的意志的支持，政治家的工作才能取得成功。

我们不仅关心保障和维持和平这个技术问题，而且关心教育和启蒙的重要任务。要想抵抗那些威胁要压制思想自由和个人自由的力量，我们必须清楚地看到目前的危险是什么，以及祖先们通过艰苦的斗争为我们赢得的自由使我们得到了什么。

没有这种自由，就不会有莎士比亚、歌德、牛顿、法拉第、巴斯德和李斯特，就不会有人民大众的舒适住房，不会有铁路，不会有无线电，不会有防疫设施，不会有廉价书籍，不会有文化，不会有所有人的艺术享受，也不会有机器把人们从生产生活必需品所需的艰苦劳动中解放出来。大多数人将过着单调的奴隶生活，就像在古代亚洲专制制度下一样。对我们现代人来说，只有那些创造出发明和思想成果的自由的人才能让生命有价值。

毫无疑问，当前的经济困难最终会使劳动力的供求以及生产与消费在法律的实施下达成平衡。但即使是这个问题，我们也要以自由人的身份来解决，不能为此让自己陷入一种最终会让任何健康发展都停滞不前的奴役。

在这方面，我想谈谈我最近的一个想法。我在这个国家孤独地生活，注意到单调宁静的生活是如何激励创造性思维的。在我们的现代组织中，有一些职业需要过这种与世隔绝的生活，而不需要付出大量体力和脑力。我认为灯塔和灯塔船上的工作就属于这样的职业。难道不能让那些愿意思考科学问题,特别是数学性或哲学性的问题的年轻人来做这些事情吗?很少有这样的人能在其一生中最富有成效的时期有机会不受干扰地思考科学问题,哪怕只是不长的时间。即使一个年轻人有幸获得短期奖学金,他也必须努力尽快得出明确的结论。在追求纯科学的过程中,这样做是无益的。而从事普通的实际工作来维持生计的年轻科学家则情况更为有利,当然前提是这份职业给他留下了足够多的空闲时间和精力。通过这种方式,也许可以使更多有创造力的人比现在更有机会发展心智。在这个经济萧条和政治动荡的时代,这样的考虑似乎值得关注。

我们是否应该对生活在一个危险和匮乏的时代忧心忡忡呢?我并不这么认为。人和其他动物一样天生懒惰。如果没有什么东西刺激他,他就几乎不会思考,而会像自动机一样凭习惯行事。我已经不再年轻,因此可以说,我在童年和青年时代也曾经历那个阶段:那时,年轻人只考虑个人生活的琐事,模仿其同伴的言行举止。要想看清这个传统面具背后究竟隐藏着什么东西并不容易。因为习惯和言语使他的真正个性仿佛包裹在棉絮中。

今天的情况是多么不同啊!在这个暴风骤雨的时代,明亮的闪电使所有人和事物都昭然若揭。每个国家和每个人都清楚地表明了自己的目标、力量、弱点和激情。随着形势的迅速变化,惯例已经变得毫无用处,习俗就像干瘪的外壳一样消失了。

处于困境中的人开始思考经济实践的失败以及超国家政治

结合的必要性。只有通过危险和动荡，才能使国家得到进一步发展。愿当前的动荡带来一个更美好的世界。

在对我们的时代做出这种评价之后，我们还有更进一步的责任，即关心我们所拥有的永恒的最高的东西，正是这些东西赋予了生命以意义。希望把它传给我们的子孙后代时，能比我们从祖先那里得到的更纯洁、更丰富。

25.给知识分子的信[①]

今天,世界各国的知识分子和学者怀着深切的历史责任在这里相聚。感谢法国和波兰同行的提议,使我们为了一个重大目标聚在一起:利用有识之士的影响力来促进全世界的和平与安全。柏拉图是最早试图解决这个古老问题的人之一,他用理性和审慎来解决人的问题,而不是屈服于祖先传承下来的本能和冲动。

经由痛苦的经验我们已经知道,理性思考不足以解决我们社会生活中的问题。深入的研究和热情的科学工作对于人类往往有悲剧性的内涵。一方面,它的发明使人从辛苦的劳动中解放出来,使生活更加舒适富裕;但另一方面,它又给人们的生活带来惶恐不安,使人成为技术环境的奴隶。这其中最大的灾难就是创造出人类大规模毁灭自己的手段。这实在是令人无比痛心的悲剧!

这个悲剧已经很令人痛心,但更加悲剧的也许是,虽然科技领域产生了诸多极为成功的学者,但长期以来,对于困扰人类的种种政治冲突和经济压力,却找不到合适的解决方案。毫

[①] 这篇演讲遭到了知识分子和平会议组织委员会的反对,后于1948年8月29日交由报刊发表。

无疑问，国内国际经济利益的冲突在很大程度上要为当今世界的危险局面负责。时至今日，人类依然没有发展出一种政治经济的组织形式，可以确保世界各国和平共处，也没有构建出一种制度，可以永远消除战争和大规模杀伤性武器。

帮助制造更加可怕和有效的灭绝方法是我们科学家的悲剧命运。我们必须担负起庄严而超然的义务，竭力阻止这些武器被用于残忍的目的。对我们来说，还有什么任务能比这更重要呢？还有什么社会目标能比这更接近我们的心灵呢？这也就是这次大会肩负着如此重要使命的原因。我们在这里彼此协商，必须建起连接世界各国的精神与科学之桥，必须克服国界所造成的可怕障碍。

在较小的社会群体中，人们在打破反社会的统治权方面取得了一些进步。比如城市里的生活就是这样，在某种程度上，甚至个别国家内部的社会生活也是如此。在这样的社会里，传统和教育发挥着调节性的影响，给生活在这里的人带来了宽容的关系。但国家间的关系仍然主要是完全的无政府状态。我并不认为在过去几千年里，人类在这方面有什么真正的进步。国家之间太过频繁的冲突仍然是通过武力和战争来解决的。只要实际上有可能，随时随地都会激起无穷的野心，无限制地追求越来越大的权力。

在整个历史上，国际事务中的这种无政府状态给人类造成了无法形容的痛苦和毁灭。它一次次地阻碍人类的发展，扰乱他们的身心。有的时候，它几乎将一切毁灭殆尽。

然而，各国随时愿意备战，也对人类的生活产生了其他影响。在过去的几百年里，每个国家对其公民权力的控制稳步增长，无论在权力得到明智运用的国家，还是在残暴专制的国家，情况都是如此。主要由于现代工业设备的集中，国家在民众之间维持和平有序关系的功能已经变得日益复杂和广泛。为了防止民众受到外部攻击，现代国家都需要建立强大的、不断扩张的军事机构。此外，国家认为有必要教育民众正视战争的可能性，这种"教育"不仅败坏了青年人的灵魂和精神，对成年人的心态也有不利的影响。任何国家都避免不了这种败坏。甚至在那些并无明显侵略意图的国家，民众中也弥漫着这种气息。因此，国家已经成为一个现代偶像，很少人能够逃脱其暗示力量。

然而，战争教育是一种妄想。过去几年的技术发展已经创造出全新的军事形势。可怕的武器被发明出来，能在几秒钟内造成大规模的伤亡和破坏。由于科学尚未找到这些武器的防范之道，现代国家不再能够确保其民众的安全。

那么，我们如何才能得救呢？

只有一个超国家组织单独拥有生产和拥有这些武器的权力，人类才能得到保护，免于无法想象的破坏和恣意消灭。然而，除非该组织拥有合法的权利和义务来解决过去导致战争的一切冲突，否则很难想象在现有条件下，各国会把权力拱手让给超国家组织。各国的职能将或多或少集中于内部事务，至于与其他国家的关系，则只处理那些绝不会危及国际安全的争端和问题。

不幸的是，没有任何迹象表明各国政府已经认识到，人类目前的处境正在迫使人们采取革命手段。我们的处境是前所未有的,因此,在早期阶段也许胜任的方法手段无法用于现在。我们必须彻底改变思维和行动,必须有勇气彻底改变世界各国的关系。昨天的陈词滥调今天将不再管用,明天无疑也会过时。让全世界的人都认识到这一点,是知识分子肩负的最重要和最重大的社会功能。他们是否有足够的勇气超越自己国家的纽带,引导世人彻底改变其根深蒂固的民族传统呢?

巨大的努力是不可或缺的。如果现在失败了,超国家组织将在以后建立,不过那时它将建立在大半已成废墟的世界上。但愿不必非得来一场超乎想象的大灾难,才能消除现有的国际无政府状态。时间紧迫,要行动就必须现在行动。

26.致联合国大会的公开信

我们陷入的局面是，每个国家的每个公民、他的孩子、他一生的工作，都受到了统治着当今世界的可怕的不安全的威胁。技术发展的进步并没有增加人类的安定和幸福。由于我们无法解决国际组织问题，它实际上助长了威胁着和平与人类生存的危险。

第二届联合国大会与会的55个国家的代表无疑会意识到，在战胜轴心国的过去两年里，在防止战争方面，或者在原子能控制以及重建战乱地区的经济合作等特定领域达成一致方面，并没有取得明显进展。

这些失败不能归咎于联合国。没有一个国际组织能比宪章赋予它的权力或者其成员国所希望的更强大。事实上，只要世界各国人民和政府认识到，联合国仅仅是一个通向最终目标的过渡体制，即建立一个拥有足够立法权和行政权以维持和平的超国家组织，联合国就是一个极其重要和有用的机构。目前的绝境在于没有一个能胜任的、可靠的超国家组织。因此，各国政府负责任的领导人都有义务根据最终会爆发战争这一假设而采取行动。这种假设所推动的每一步都会助长普遍的恐惧和不信任，并且加剧最终的灾难。无论国家军备多么强大，都既不能为任何国家创造军事安全，也不能保证维持和平。

在改变传统的国家主权概念之前，永远不可能就原子能管理和国际控制或全面裁军达成完全一致。因为只要原子能和军备被视为国家安全的重要组成部分，任何国家就只会对国际条约口惠而实不至。安全是不可分割的。只有当所有地方都得到法律和执行的必要保障，使军事安全不再是任何单个国家的问题时，安全才能实现。在准备战争和准备建立一个以法律和秩序为基础的世界社会之间，不可能有任何妥协。

每一位公民都必须下定决心。如果他接受战争的前提，他就必须接受在诸如奥地利和朝鲜这样的战略地区驻军；接受向希腊和保加利亚派遣军队；接受以任何方式囤积铀；接受普遍的军事训练，逐步限制公民自由。最重要的是，他必须忍受军事保密的后果，军事保密是我们这个时代最严重的祸害之一，也是文化进步的最大障碍之一。

另一方面，如果每一位公民都认识到，在这个原子时代，安全与和平的唯一保障就是不断发展一个超国家政府，那么他将尽一切努力加强联合国。在我看来，世界上每一位理性和负责任的公民都必须知道自己的选择是什么。

然而，整个世界都陷入了一个恶性循环，因为联合国中的大国似乎无法在这个问题上下定决心。东西方集团都在疯狂地试图加强各自的权力地位。普遍的军事训练、俄国在东欧的军队、美国对太平洋岛屿的控制，甚至荷兰、英国和法国强硬的殖民政策、原子能和军事的秘密，都是过去熟知的谋取地位的一部分。

现在是联合国通过大胆的决定来加强其道德权威的时候了。

首先，必须加强联合国大会的权威，使得安理会以及联合国的所有其他机构都从属于它。只要联合国大会和安理会之间存在权力冲突，整个机构的效力就必然受到损害。

第二，联合国代表的产生办法应作大幅度修改。现行的政府任命遴选办法并没有给被任命者留下任何真正的自由。此外，政府的选择也不能让世界各国人民感到，代表的产生是公正的和按比例进行的。如果代表由人民直接选举产生，联合国的道德权威就会大大增强。如果他们对选民负责，他们会有更多的自由凭良心做事。这样便可望出现更多的政治家和更少的外交家。

第三，联合国大会应在整个关键的过渡时期继续开会。通过持续不断的工作，大会可以完成两项主要任务：第一，它可以主动建立一种超国家秩序；第二，它可以在和平受到威胁的所有危险地区（比如目前的希腊边境）采取迅速而有效的措施。

鉴于这些艰巨的任务，联合国大会不应将权力下放给安理会，特别是在安理会因否决权条款的缺陷而陷于瘫痪的时候。作为唯一有能力大胆果断地采取主动行动的机构，联合国必须以最快的速度行动，为建立一个真正的世界政府奠定基础，从而为国际安全创造必要的条件。

这样做当然会有反对意见。如果一个公平的提议能够提供真正的安全保障，苏联这个经常反对世界政府理念的主要代表就不一定会继续反对。即使认为俄国现在反对世界政府的理念，一旦它确信世界政府仍然在形成中，其整个态度也许会改变。那时，它可以只坚持法律面前人人平等的必要保障，以避免像在目前的安理会中那样成为长期的少数群体。

26. 致联合国大会的公开信

不过必须认为，尽管我们尽了一切努力，俄国及其盟国也仍然可能认为，远离这样一个世界政府是明智之举。在这种情况下，只有以最大的真诚尽一切努力取得俄国及其盟国的合作之后，其他国家才能单独行动。最重要的是，至少占世界主要工业经济区三分之二的这部分世界政府必须非常强大。这种强大本身将使局部性的世界政府有可能放弃军事保密和其他一切因不安全而产生的做法。

这样一个局部性的世界政府从一开始就应该明确表示，它的大门始终向任何非成员国——特别是俄国——敞开，这些非成员国可以在完全平等的基础上加入进来。我认为，这个局部性的世界政府应当允许非成员国政府的观察员出席其所有会议和制宪会议。

为了实现最终目标，即同一个世界，而不是两个敌对的世界，这样一个局部性的世界政府决不能作为一个联盟来对抗世界其他地区。通向世界政府的唯一真正步骤乃是世界政府本身。

在一个世界政府中，各个组成部分之间的意识形态差异不会导致严重后果。我相信，目前美国和苏联之间的困难主要不是由于意识形态上的分歧。当然，这些意识形态分歧是导致已经很严重的紧张局势的一个促进因素。但我相信，即使美国和俄国都是资本主义国家（或是共产主义国家，或是君主制国家，等等），它们的竞争、利益冲突和嫉妒也会导致类似于今天两国之间的紧张关系。

现在的联合国和最终的世界政府必须为同一个目标服务，那就是保证全人类的安全、安宁和幸福。

27.爱因斯坦博士的错误想法

瓦维洛夫、弗鲁姆金、约飞和谢苗诺夫的一封公开信

著名物理学家阿尔伯特·爱因斯坦不仅因为他的科学发现而出名，近年来他还非常关注社会和政治问题。他作广播讲话，在报刊上撰写文章，还参与了多个公共组织。他多次呼吁抗议纳粹的野蛮行径。他倡导持久和平，抗议新战争的威胁，反对军国主义者企图完全掌控美国科学的野心。

对于激励这位科学家从事这些活动的人道主义精神，苏联科学家和广大的苏联人民表示赞赏，尽管他的立场并不是那么前后一致和清晰明确。不过，爱因斯坦最近发表的一些言论，有些方面在我们看来不仅是错误的，对于爱因斯坦热心拥护的和平事业肯定也是有害的。

我们觉得有责任提醒大家注意这一点，以便澄清一个非常重要的问题，即如何最有效地实现和平。爱因斯坦博士最近倡导的"世界政府"观念必须从这种观点加以考察。

在这种观念的各色倡导者当中，除了那些借以掩护其无限

制扩张的不折不扣的帝国主义者以外，在资本主义国家还有很多知识分子，他们被这种观念貌似合理的外表所迷惑，而并没有意识到其真实含义。这些主张思想自由的和平主义者相信，"世界政府"不啻为一副对抗世界罪恶的灵丹妙药，是持久和平的守护者。

"世界政府"的倡导者们广泛使用那个看起来很激进的论点，认为在这个原子时代，国家的主权是过去的遗迹，正如比利时代表斯巴克在联合国大会上所说，是一种"过时的"甚至"反动的"思想。很难想象能有什么指控比这更远离真理了。

首先，"世界政府"和"超国家"的观念绝非原子时代的产物，其历史要悠久得多，比如在成立国际联盟时就已经提出来讨论过。

其次，这些观念在现代绝不是进步的。它们反映的是，主导工业大国的垄断资本家们觉得自己的国界太过狭窄。他们需要全世界的市场、全世界的原料供应和全世界的投资范围。由于在政治和行政事务上占统治地位，这些垄断大国得以在争夺势力范围和从政治经济上征服别国的斗争中利用政权机器，以便在别的国家也能自由地扮演主导角色。

从我国过去的经验可以非常清楚地看到这一点。沙皇俄国的反动政权屈从于资本主义的利益，因其廉价的劳动力和丰富的自然资源而成为令外国资本家馋涎的肥肉。法国、英国、比利时和德国的公司如饿鹰一样扑向我国，赚得在他们自己国家无法想象的利润。他们用勒索性的贷款将沙皇俄国与资本主义西方牢牢绑缚在一起。沙皇政府依靠从外国银行得到的资金支持，残酷镇压革命运动，阻碍俄国科学文化的发展，煽动对犹太人进行集体屠杀。

伟大的十月社会主义革命粉碎了使我国在经济和政治上依附于世界资本主义垄断的锁链。苏维埃政府使我国第一次获得了真正的自由和独立，以史无前例的速度推动我国社会主义经济、技术、科学和文化的进步，把我国变成了国际和平安全的可靠堡垒。在内战中，在反对帝国主义国家集团干涉的斗争中，在反抗纳粹侵略者的伟大战役中，我国人民都在维护国家的独立性。

然而现在，"世界超国家"的倡导者却要求我们为了"世界政府"而自愿放弃这种独立性，这不过是垄断资本家为了称霸世界而打出的漂亮招牌而已。

向我们提出那样的要求显然是无法容忍的。这种要求不仅对于苏联来说是荒谬的。第二次世界大战之后，许多国家成功摆脱了帝国主义的压迫和奴役。这些国家的人民正在努力巩固经济和政治上的独立性，阻止国外对本国事务的干预。不仅如此，殖民地和附属国的民族独立运动正迅速蔓延开来，唤醒了亿万人民的民族意识，他们不愿继续处于被奴役的状态了。

帝国主义国家的垄断已经失去了许多有利可图的剥削领域，而且还有失去更多东西的危险。对于那些已经摆脱了他们掌控的民族，他们正极力剥夺令其厌恶的国家独立性，并且阻止殖民地的真正解放。带着这个目的，帝国主义者在军事、政治、经济和意识形态等各个领域发动战争。

正是按照这种社会命令，帝国主义理论家正全力抹黑国家主权的观念。他们诉诸的方法之一就是鼓吹自负的"世界国家"计划，说什么这会消灭帝国主义、战争和民族仇恨，确保普遍法律的胜利云云。

于是，帝国主义势力争夺世界霸权的掠夺欲望伪装成一种伪进步观念，吸引了资本主义国家某些知识分子（科学家、作家等）的兴趣。

在去年9月致联合国各代表团的一封公开信里，爱因斯坦博士提出了一种限制国家主权的新方案。他建议把联合国大会改造成一个永久运作的世界议会，拥有比安理会更大的权力。爱因斯坦重复着美国外交亲信们天天在讲的话，宣称安理会已经被否决权搞瘫痪了。按照爱因斯坦博士的计划改造后的联合国大会将拥有最终的决定权，大国一致原则将被抛弃。

爱因斯坦建议，联合国的代表应由普选产生，而不是像现在这样由各国政府任命。初看起来，这个建议似乎是进步的，甚至是彻底的。但实际上，它对现状不会有丝毫改进。

让我们想象一下，选举对于这种"世界议会"有何实际意义。大多数人仍然生活在殖民地和附属国，这些国家由少数帝国主义国家的长官、军队以及财政和金融寡头统治着。在这些国家，"普选"实际上意味着由殖民政府或军事当局来任命代表。殷鉴不远，希腊公投便是保皇党－法西斯统治者在英国刺刀的护卫下出演的一场闹剧。

但在形式上存在着普选权的那些国家，情况也好不到哪里去。在资本占据统治地位的资产阶级民主国家，资本以各种花招诡计将普选权和投票自由变成闹剧。爱因斯坦肯定知道，美国上届国会选举只有39%的选民投票；他也心知肚明，南方各州的千百万黑人实际上被剥夺了选举权，或者在并不少见的私刑威胁下，被迫投票给他们最凶恶的敌人，比如极端反动且仇视黑人的上届参议员比尔博就是这样当选的。

人头税、特殊试验等许多手段都被用来剥夺千百万移民、流动工人和贫苦农民的投票权，且不提普遍存在的贿选行为，以及反动报刊作为报业大亨影响大众的有力工具所起的作用，等等。

所有这一切都表明，爱因斯坦所建议的世界议会普选在资本主义世界的现有条件下意味着什么。其组成不会比目前的联合国大会更好，它将扭曲地反映大众的真实情绪以及对永久和平的渴望。

我们知道，在联合国大会和各个委员会里，美国代表团掌控着固定的投票机器，因为联合国大多数成员国都依赖于美国，它们不得不按照华盛顿的要求来调整外交政策。例如，一些拉美国家是农业单一作物制国家，其产品价格由美国垄断资本家所决定，因此手脚被束缚。既然如此，在美国代表团的压力下，联合国大会里出现一种机械的大多数，按照其实际主人的命令进行投票，也就不足为奇了。

在某些情况下，美国外交发现，打着联合国的旗号采取某些措施要比通过国务院更方便。声名狼藉的巴尔干委员会或者指派到朝鲜的选举观察委员会便是明证。美国代表团正在强行通过一个"小型大会"计划，以实际取代安理会，其目的就是把联合国变成美国国务院的一个部门，因为事实证明，安理会

27. 爱因斯坦博士的错误想法

的大国一致原则妨碍了帝国主义阴谋的得逞。

爱因斯坦的建议也会导致同样的后果，因此绝不会促进持久和平和国际合作，而只能掩盖各个主权国家防止外国资本强索其惯常利益时受到的攻击。它会进一步推动美帝国主义肆无忌惮的扩张，并且让那些坚持维护独立的国家在意识形态上解除武装。

在命运的捉弄下，爱因斯坦实际上已经成为和平与国际合作最凶恶敌人的阴谋和野心的支持者。他沿这个方向已经走得太远，竟然在其公开信中预先宣布，倘若苏联拒绝加入他这个异想天开的组织，其他国家应当有权不管苏联而继续前进，同时敞开大门让苏联最后作为成员或"观察员"加入这个组织。

从本质上讲，这与美帝国主义的极力拥护者的建议几乎没有什么差别，无论爱因斯坦博士实际上离他们有多远。这些建议的要点和实质是，倘若不能把联合国变成美国政策的武器，变成帝国主义实施阴谋计划的帷幕，那么就应当把它解散，用一个没有苏联和新民主国家加入的新"国际"组织取而代之。

爱因斯坦博士难道意识不到，这些计划对于国际安全和国际合作会有多么致命的影响吗？

我们相信，爱因斯坦博士已经走上了一条错误而危险的道路。在当今世界，社会、政治和经济制度各有不同，而他却在追逐"世界政府"的妄想。当然，这并不是说社会经济结构不同的国家就不应当进行政治经济方面的合作，只要这些差别被审慎对待。然而，爱因斯坦倡导的这种政治时尚，却对真诚的国际合作和持久和平的不共戴天之敌有利。他建议联合国成员国采取的路线,将不会使国际上更加安全,而会导致新的国际争端。它只会有利于垄断资本家,因为新的国际争端将给他们带来更多的军火合同和利润。

我们非常尊敬爱因斯坦,他不仅是著名的科学家,而且是热心公益之人,正在不遗余力地推进和平事业。因此,我们认为应当直言不讳地说出自己的看法,而不必作外交辞令的修饰。

对苏联科学家的回复

我的四位俄国同事在《新时代》上发表了一封公开信,对我进行了善意的批评。我欣赏他们所作的努力,更欣赏他们如此坦率直接地表达自己的观点。只有努力充分理解对方的思想、动机和关切,透过他的眼睛看世界,才能在人类事务中理智地行动。一切心怀善意之人都应尽可能地增进这种相互理解。希望我的俄国同事和其他读者也能本着这种精神来接受以下回复。作此回复的人正在努力寻求一种可行的解决方案,而不是幻想自己已经知道了"真理"或"正确道路"。如果以下说法显得有些武断,那只是为了清晰简洁起见。

虽然你们的信主要是对非社会主义国家尤其是美国的攻击,但我相信,在这种攻击背后是一种防御心态,趋向于几乎无限制的孤立主义。只要了解过去三十年来俄国在外国手中受到的种种苦难,比如德国入侵者对平民的蓄意屠杀,内战时期的外国干涉,西方报刊系统性的诽谤宣传,扶植希特勒来对抗俄国,这种逃入孤立主义的愿望是不难理解的。然而,无论这种对孤立的愿望是多么可以理解，它都会给俄国和所有其他国家造成灾难。这一点稍后我会详谈。

你们攻击我的主要目标在于我支持"世界政府"。在讨论这个重要的问题之前，我想先来谈谈社会主义与资本主义的对抗，因为你们关于这种对抗的态度，似乎完全主导了你们对国际问题的看法。如果客观考察一下这个社会经济问题，情况似乎是这样的：技术发展已经导致经济机制越来越集中。也正因为这种发展，工业化国家的经济权力普遍集中在少数人手中。在资本主义国家，这些人不需要向公众解释自己的行为；而在社会主义国家，他们却必须这样做，因为他们就像那些行使政治权力的人，是为公众服务的。

我同意你们的看法：只要社会主义的管理能在一定程度上符合恰当的标准，社会主义经济的优点就肯定能够抵消缺点。总有一天，所有国家（只要这样的国家仍然存在）都会感谢俄国，因为它在极为艰难的条件下，第一次有力地证明了计划经济的实际可能性。我也相信，事实将会证明，资本主义或自由企业制度无法减少失业，技术进步会使失业问题变得日益严重，它也无法在生产与民众的购买力之间保持健全的平衡。

另一方面，我们也不应错误地把所有现存的社会政治弊端都归咎于资本主义，并且以为只要建立起社会主义就能治好人类的一切社会政治痼疾。这种信念的危险首先在于鼓励了"信徒"狂热的不宽容，因为它把一种可能的社会方法变成了一种教会组织，若有不从便被打成叛徒或坏人。一旦到了这个阶段，理解"非信徒"信念和行为的能力就完全消失了。我确信，你们从历史上可以知道，这些僵化的信念曾给人类带来多少无谓的痛苦。

任何政府只要有沦为暴政的倾向，它本身就成了一种罪恶。但除了极少数无政府主义者，我们每个人都深信，没有政府就不可能有文明社会存在。在健全的国家，人民的意志与政府之间有一种动态平衡，可以防止政府沦为暴政。如果在一个国家，政府不仅掌控着军队，而且还掌控着所有教育信息渠道和每一个公民的经济生活，那么这种堕落的危险就更加严重了。我这样说仅仅是想表明，不能认为社会主义本身能够解决一切社会问题，它只是能够促成这种解决的一个框架罢了。

你们在信里表达的一般态度中，最让我感到惊讶的是以下这个方面：你们在经济领域如此强烈地反对无政府状态，而在国际政治领域却又同样热情地拥护无政府状态，即拥护无限制的主权。在你们看来，建议削减各个国家的主权，这本身就应受到谴责，是对自然权利的侵犯。你们还试图证明，在削减主权观念的背后是美国的包藏祸心，想不必通过战争就能对世界各国进行经济统治和剥削。你们用自己的方式来分析战争结束以后这个政府的种种行为，试图证明这种指控是合理的。你们企图表明，联合国大会不过是由美国或美国资本家操控的傀儡罢了。

此种论据让我觉得像是一种神话，是无法令人信服的。不过，这凸显了我们两国知识分子之间的巨大隔阂，它缘于彼此之间不幸的人为隔绝。若能促成和鼓励个人观点的自由交流，那么知识分子也许最能帮助两国创造一种相互理解的气氛。这种气氛是有效发展政治合作的必要前提。不过，既然我们暂时还要依靠"公开信"这种麻烦的方式，我只好作些简单回应了。

没有人会否认，经济寡头对公共生活的各个方面都有非常强大的影响。但这种影响也不应过高估计。尽管受到这些强力集团的拼命反对，罗斯福还是当选了总统，而且连任了三次。当时正是必须作出重大决定的时刻。

关于战后美国政府的政策，我既不愿意、也没有能力或资格去为他们辩护或作出解释。但不能否认，美国政府关于原子武器的某些建议至少是在尝试建立一个超国家安全组织。它们即使未被接受，也至少可以充当一个讨论基础来实际解决国际安全问题。事实上，正是苏联政府半否定半拖延的态度，才使得美国的善良人士难以如愿施展政治影响力来反对"战争贩子"。关于美国对联合国大会的影响，我认为这不仅与美国的经济军事实力有关，而且源于美国和联合国真正解决安全问题的努力。

至于备受争议的否决权，我相信之所以致力于取消它或者让它失效，主要不是因为美国有什么特定意图，而是因为否决权遭到滥用。

现在回到你们的看法，即美国的政策试图对他国进行经济统治和剥削。既然谈论目的和意图没有什么把握，我们不妨考察一下所涉及的客观因素。美国很幸运，所有重要的工业产品和粮食都能自给自足，而且拥有几乎一切重要的原材料。但由于坚信"自由企业"，美国无法使民众的购买力与全国的生产能力保持平衡。基于同样的理由，失业经常达到危险的程度。

由于这些情况，美国不得不注重出口贸易，否则就无法充分利用其总产能。倘若进出口大体平衡，本来不会有什么害处。那时，对外国的剥削将在于出口物的劳动价值大大超过进口物的劳动价值。但美国正竭尽全力避免这种情况发生，因为几乎任何进口物都会造成部分产能闲置。

这就是为什么外国无法支付美国出口商品的原因。的确，从长远来看，这样的支付只有通过美国的进口才是可能的。这解释了为什么全世界大部分黄金都流到了美国。总的来说，除了购买外国商品，这些黄金不能有别的用处，基于上述理由，这是行不通的。这些黄金被小心贮藏，以防失窃，成为歌颂政府智慧和经济成就的纪念碑。这些理由使我很难认同所谓美国剥削世界的说法。

然而，上面的情况有它严肃的政治方面。基于上述理由，美国不得不把部分产品运送到国外。这些出口是通过美国给外国的贷款来提供资金的。的确，很难想象如何才能偿还这些贷款。因此从实际目的来看，必须把这些贷款看成一种馈赠，可以用作强权政治舞台上的武器。考虑到现在的情况和人类的特性，我得坦率承认，这真的很危险。不过，我们目前所处的国际事态难道不是倾向于把人类的所有发明和物品都变成武器，从而对人类构成威胁吗？

这个问题引出了最重要的事情，与之相比，其他一切事情都显得无关紧要了。我们都知道，强权政治迟早会导致战争，在目前的情况下，这场战争将意味着人类生命财产的巨大毁灭，程度恐怕是历史上空前的。

27. 爱因斯坦博士的错误想法

我们的激情和积习难道真的注定要使我们自相残杀，不留下任何值得保存的东西吗？与当今我们所面临的危险相比，我们奇特的通信中所触及的一切争论和意见分歧难道不都显得微不足道吗？难道我们不应尽一切力量来消除这个威胁着所有国家的危险吗？

如果抓住无限制国家主权的概念和做法不放，那就只能意味着，每个国家都保有通过战争手段来追求自己目标的权利。在这种情况下，每个国家都必须为可能发生的战争作准备，这意味着每个国家都必须竭尽全力比其他国家更强大。这个目标将会越来越主导整个公共生活，在实际大难临头之前就已经毒害年轻人了。只要我们还保有一丁点冷静的理性和人类感情，就决不能容忍这一点。

仅仅是基于这些考虑，我才支持"世界政府"的观念，至于其他人致力于同一目标的理由，我没有关注过。我之所以拥护世界政府，是因为我深信，没有其他途径可以消除人类这个最可怕的危险。避免遭到彻底毁灭必须优先于任何其他目标。

你们肯定深信，我是带着最为严肃和真诚的态度来写这封信的。我相信，你们也会本着同样的精神来接受它。

科学与生活

28.关于知识分子的组织

　　我认为知识分子联合起来是非常重要甚至是迫切需要的，这既是为了保护他们自己的经济地位，也是为了确保他们在政治领域的影响力。

　　在第一个方面即经济方面，工人阶级可以作为我们的榜样：他们至少在某种程度上成功地保护了他们的经济利益。我们也可以向他们学习如何用组织的方法来解决这个问题。我们还可以从他们那里学到，我们必须设法避免的最严重的危险是什么：因内部的不和而变得脆弱，当事态发展到这一步时，就会使合作变得困难，并且导致各个派别之间的争吵。

　　我们还能从工人那里学到，仅仅局限于眼前的经济目标，排除所有政治目标和有效的行动也是不够的。在这方面，这个国家的工人阶级才刚刚开始发展。在生产逐步集中的情况下，经济斗争和政治斗争必然越来越紧密地交织在一起，政治因素在这个过程中的重要性不断增加。与此同时，由于缺乏组织性，知识分子在保护自己免受专断和剥削方面不如其他行业的成员。

　　但知识分子应当团结起来，不仅是为了他们自己的利益，而且同样重要的是为了整个社会的利益。知识分子之间发生的分歧，部分原因在于这些群体与生俱来的特殊部分和经验很少被用于政治目的。在他们那里，决定大事的几乎完全是政治野心和对利益的渴望，而不是基于客观思考的专业知识和判断。

知识分子组织可以通过宣传教育影响公众舆论，从而对整个社会有极大意义。事实上，捍卫学术自由是其应有之义，没有学术自由，就不可能有民主的健康发展。

当前，知识分子组织的一个特别重要的任务就是努力建立一支超国家的政治力量，以防止新的侵略战争。在我看来，为一个国际政府制定具体计划目前不应是我们的主要目标。因为如果大多数公民都有建立国际安全的强烈意图，那么如何使这个机构具体化就不会是一个非常困难的问题。现在大多数人缺乏的是一种基于清晰思维的信念，即没有其他方法可以永久避免像现在这样的灾难。我认为，知识分子组织在这一历史性时刻所能承担的最重要任务就是组织和促进这方面的启蒙。只有积极致力于这样的任务，这样一个组织才能获得内部的力量和外部的影响。

29. "欧洲是成功者吗？"

欧洲的人文主义理想似乎的确与言论自由始终联系在一起，在某种程度上也与个人的自由意志、在思想上努力追求客观性而不仅仅考虑功利性，以及鼓励思想和品味方面的差异有着千丝万缕的联系。这些要求和理想构成了欧洲精神的本质。人们不能用理性来确定这些价值观和准则的价值，因为它们是看待生命的基本原则问题，是只能通过情感来肯定或否定的出发点。我只知道我全身心地肯定它们，如果处于一个一贯否认它们的社会中，我会觉得无法容忍。

我并不赞同那些悲观主义者的看法，他们认为整个思想发展都依赖于建立公然的或隐蔽的奴役。在技术发展的原始阶段，这也许是正确的，那时生活必需品的生产需要大多数人的体力劳动，直至完全耗尽。而在我们这个技术高度发展的时代，只要有比较合理的劳动分工和充分的供给，个人将有时间和精力卓有成效地参与其能力和倾向所允许的最优秀的思想和艺术活动。不幸的是，在我们的社会里不存在任何接近这种状况的东西。但是，每一个致力于特定欧洲理想的人都会尽其所能来实现这些目标，越来越多的正义之士相信它们是可取而务实的。

出于对改善经济组织的巨大努力的尊重，把个人自由原则暂时搁置一段时间是否合理呢？一位机智而精明的俄国学者在我面前非常巧妙地为这种观点作了辩护，他将强迫和恐怖对于俄国共产主义的成功（至少在一开始的时候）与战后德国社会民主党的失败进行了比较。他没有说服我。在我看来，没有一个目标能高到用毫无价值的方法去实现它都是正当的。暴力有时也许可以迅速清除障碍，但它从未证明自己具有创造性。

30.在捍卫言论自由集会上的讲话

我们今天来到这里,既是为了捍卫美国宪法所保障的言论自由,也是为了捍卫教学自由。同样,我们希望提请知识分子注意目前正在威胁这些自由的巨大危险。

这一事态是如何可能的呢?为什么这种危险比过去几年更可怕?生产的集中导致生产资本集中在这个国家相对较少的公民手中。这一小群人不仅基本上主导了青年教育机构和全国各大报纸,而且也对政府产生了巨大影响。这本身已经足以对这个国家的思想自由构成严重威胁。但另一个事实是,这种经济集中的过程催生了一个以前未知的问题,那就是一部分有工作能力的人的永久失业。联邦政府正努力通过对经济进程进行系统控制,也就是对供求这两种基本经济力量的所谓自由相互作用加以限制来解决这一问题。

但形势比人强。经济上占主导地位的少数人——迄今为止拥有自主权,且不对任何人负责——反对这种限制其行动自由的做法,而这种限制是为了全体人民的利益。这少数人正在诉诸一切所能利用的法律手段为之辩护。因此毫不奇怪,他们正在利用其对学校和新闻界的巨大影响防止青年人在这个问题上受到启蒙,而这个问题对于国内生活健康和平的发展是至关重要的。

正因如此，最近我们多次目睹违反同事意愿解聘优秀大学教师的事件，新闻界已将这些行为告知公众，但还不够。也正是由于这些在经济上占主导地位的少数人的压力，我们才有了意在削弱教学自由的教师宣誓这一令人遗憾的制度。毋庸赘言，教学自由和书籍报刊的言论自由是任何民族健康自然发展的基础。在这方面，历史的教训，尤其是最近的教训，表现得再明显不过。每个人都有责任尽全力维护和加强这些自由，并且尽一切可能施加影响，使公众舆论意识到存在的危险。

只有以民主的方式解决我们重大的经济问题，这些困难才能得到解决；但这种解决方案的基础必须通过维护言论自由来准备。此外，这也是防止遭到最严重损害的唯一方法。

因此，让我们所有人都鼓起自己的力量。让我们时刻保持警惕，以免后人这样谈起这个国家的知识精英：他们胆怯地、乖乖地放弃了先辈们留下的遗产，一份他们不配享有的遗产。

31.要原子战争还是要和平？

I

释放原子能并没有产生新的问题，而只是一个现有问题的解决变得更加迫切。可以说，它对我们的影响在量上而不是质上。只要有主权国家拥有强大的力量，战争就不可避免。这并不是说战争何时会来，而只是说战争肯定会来。原子弹制造出来之前就是如此，所改变的只是战争的毁灭性。

我不相信战争中使用原子弹会毁掉整个文明。也许地球上的人会死去三分之二，但还会留下足够多有思想的人和书籍，使文明可以重建。

我并不认为应当把原子弹的秘密交给联合国组织，也不认为应当交给苏联。这两种做法就像一个有资金的人想同别人合伙办企业，一开始就把一半的钱交给了对方。那人拿到钱之后可能会开办一个竞争的企业，而原本需要的却是他的合作。原子弹的秘密应当交给一个世界政府，而美国应当立刻宣布愿意这样做。这个政府应由美国、苏联和英国来建立，因为只有这三个大国才拥有强大的军事力量。这三个国家应把它们全部的军事力量交给这个世界政府。事实上，只有这三个国家才拥有强大的军事力量，应当使建立世界政府变得更容易，而不是更困难。

既然美国和英国保有原子弹的秘密，而苏联没有，那就应该邀请苏联筹备和草拟世界政府宪章，这将有助于消除俄国人的不信任。他们之所以有这种感觉，是因为原子弹被视为机密，主要是为了防止他们获得。显然，初稿不会是最后的定稿，但应该让俄国人感觉到，世界政府会确保他们的安全。

明智的做法是，美国、英国和苏联各派一位代表就此宪章进行商议。他们必须有顾问，但这些顾问只有征询时才能提出建议。我相信三个人就能写出一份各方都能接受的可行的宪章。要是由六七个或更多的人来做，反倒可能失败。三个大国草拟并采用了宪章之后，就应邀请较小的国家来加入世界政府。它们应当有不加入的自由，虽然不加入也会感到安全，但我相信，它们会希望加入的。它们当然有权对三个大国草拟的宪章提出修改。但无论小国是否加入，三个大国应当继续前进，把世界政府组织起来。

这个世界政府应当有权裁决一切军事议题。此外还需要一项权力，那就是有权对这样一些国家进行干预，在这些国家，少数人压迫多数人，从而造成一种可能导致战争的不稳定状况。今天阿根廷和西班牙的情况就是如此，应当加以处理。所谓不干预的概念必须终止，因为终止它是维护和平的一部分。

世界政府不应等到这三个大国都达到同样的自由状况时才去建立。苏联固然由少数人统治，但我并不认为其国内局势会对世界和平构成威胁。必须记住，俄国人没有悠久的政治教育，改进俄国的状况必须由少数人来实现，因为多数人还没有能力做到。如果生为俄国人，我相信自己能够适应这种形势。

建立一个垄断军事权力的世界政府时，没有必要改变这三个大国的结构。起草宪章的三个人应当就其不同结构进行设计，使之能够共同合作。

我是否担心世界政府会沦为一种专制呢？当然担心。但我更担心再来一次战争。任何政府在某种程度上都必然是恶的，但与战争更大的恶相比，尤其是破坏性越来越大的战争，世界政府要更好。如果这个世界政府不是通过协议过程建立起来的，我相信它最终还是会出现，不过是以危险得多的形式，因为经过一次或多次战争，总会有一个强权胜出，以压倒性的军事力量统治世界的其余地方。

现在我们有了原子弹的秘密，绝不能失去它。如果把它交给联合国组织或苏联，便是在冒险。但我们必须尽快向大家说清楚，我们保守原子弹的秘密并非为了自己的权力，而是希望通过一个世界政府来确立和平，我们将竭尽全力把这个世界政府建立起来。

我知道，有些人虽然赞成把世界政府当作最终目标，但主张以渐进的方式来建立它。然而，逐步达到最终目标的麻烦在于，我们一直持有原子弹，但又无法说服那些没有原子弹的国家。这本身会导致恐惧和猜疑，从而使敌对国家的关系危险和恶化。因此，主张渐进的人也许自认为是走向世界和平，但实际上却在缓步走向战争。我们没有时间可以这样浪费。要想避免战争，就必须迅速行动。

何况，我们也无法保住原子弹的秘密太久。我知道，有人认为没有别的国家能把足够多的钱花在发展原子弹上，因此美国可以长期保有这个秘密。美国人常犯的一个错误就是用花钱的多少来衡量事物，但其他国家只要把原料、人力和用心用于发展原子能，就能做到这一点，因为所需的一切不是钱，而是人力和材料以及使用它们的决心。

我不认为自己是原子能释放之父。在这方面，我所起的作用非常间接。事实上，我并未预见到原子能会在我有生之年得到释放，而只在理论上认为它是可能的。正是链式反应的偶然发现才使它成为现实，而这是我所无法预料的。链式反应是哈恩在柏林发现的，起初他对自己的发现给出了错误的解释。提出正确解释的是莉泽·迈特纳，她从德国逃了出来，将这些信息资料交给了尼尔斯·玻尔。

我并不认为，只要像组织大公司一样把科学组织起来，就能确保原子科学的伟大时代。人们可以组织起来运用一项已有的发现，但无法做出发现。只有自由的个人才能做出发现。不过，可以通过一种组织方式来确保科学家享有自由和适宜的工作条件。例如，美国大学里的科学教授就应当减少教学，从而有更多的时间做研究。你能想象一个科学家组织做出了查尔斯·达尔文的发现吗？

我也不认为，美国庞大的私人公司符合时代的需求。如果有位外星访客来到地球，看到这个国家竟然允许私人公司掌握那么大的权力，却不要求承担相应的责任，他难道不会觉得奇怪吗？我这样说是想强调，美国政府必须继续控制原子能，这并非因为社会主义一定是可取的，而是因为原子能由政府所发展，将人民的这份财产转交给任何个人或团体是不可想象的。至于社会主义，除非其国际性已经足以产生一个控制所有军事力量的世界政府，否则它可能比资本主义更容易导致战争，因为它代表着更大的权力集中。

对于原子能何时能被用于建设性的目的，还做不出任何估计。我们现在只知道如何使用大量的铀。至于使用少量的铀，比如说用来开汽车或开飞机，目前还不可能，也无法预测何时能做到。虽然未来必定可以做到，但无人能给出确切的时间。也没有人能够预测，何时能用比铀更常见的材料来产生原子能。适合这个目的的材料也许都是原子量较大的重元素。由于不够稳定，这些元素相对稀少。经过放射性衰变，这些材料或许已经消失大半。因此，虽然原子能的释放在未来无疑会有益于人类，但短时间内恐怕无法实现。

我本人缺乏解说的天赋，无法让大家相信人类目前面临问题的紧迫性。因此，我想推荐一个有此天赋的人，那就是埃默里·雷韦斯，他的《对和平的剖析》(The Anatomy of the Peace)一书睿智、清晰、简洁、有力地（如果我能使用这个被滥用的字眼的话）讨论了战争话题和对世界政府的需要。

既然我认为原子能在很长时间里都不会有很大益处，因此我不得不说，目前它是个威胁。这也许是好事。它可以迫使人类给国际事务带来秩序，若是没有恐惧的压力，这种秩序无疑是不会出现的。

II

自第一颗原子弹制成之后，世界并没有远离战争，而战争的破坏性却大为增加。我无法从任何一手知识来谈论原子弹的发展，因为我不在这个领域工作。但专业人士已经明确指出，原子弹的威力变得愈发强大。当然，可以设想制造出尺寸更大的原子弹，能够造成更大范围的破坏。还可能广泛使用放射性气体，将它散布于广大区域，能在不损坏建筑物的情况下造成严重伤亡。

我不认为有必要超出这些可能性去思考更广泛的细菌战，我怀疑细菌战所造成的危险是否能与原子战争相提并论。我也不认为有可能启动一种足以摧毁整个或部分地球的链式反应，因为假若人造的原子弹爆炸能够引发这样的链式反应，那么持续射到地球表面的宇宙射线的作用早就使之发生了。

然而，不必设想地球会像新星一样因爆炸而毁灭，就可以清楚地看到原子战争的规模正与日俱增。应当认识到，除非防止另一场战争，否则它所造成的破坏很可能是空前的甚至是现在无法想象的，人类文明将因此而荡然无存。

在原子时代的头两年，还有一个现象需要注意。虽然公众对原子战争的恐怖已经有所警惕，但却未有行动，而且基本上已将这种警惕抛诸脑后。危险若是无法避免，或者一切可能的防范措施都已用尽，也许还是忘掉为好。这么说来，要是美国把它的产业和城市分散开，民众或许有理由忘掉自己所面临的危险。

顺便说一句，美国并没有采取这样的防范措施，这也许是好事，因为果真这样做了，反倒会让别的国家相信，美国对原子战争听之任之，而且在做着准备，从而增加了原子战争的可能性。但政府对于避免战争没有任何作为，反倒使原子战争变得更加恐怖。因此，对于眼前的危险不能视而不见。

我认为，自原子弹制成以来，在避免战争方面没有做过什么事情，尽管美国曾向联合国提议对原子能进行超国家控制。美国只是提出了一个带有附加条件的建议，而苏联现在肯定不会接受这些条件。这样便可以把失败归咎于俄国人。

但在责备俄国人时，美国人不应忽视一个事实：他们自己并未承诺，在达到超国家控制之前，或者如果无法实现超国家控制，会自愿放弃将原子弹用作常规武器。这样便加深了别国的恐惧，认为只要不接受美国提出的超国家控制的条件，美国人就会把原子弹当成军火库里的一种合法武器。

美国人也许自信绝不会发动侵略性或预防性的战争，因此可能认为没有必要公开宣布不会再次首先使用原子弹。但国际上已经郑重促邀美国宣布放弃使用原子弹（也就是禁用原子弹），而美国却拒绝这样做，除非它所提出的超国家控制的条件得到接受。

我认为这项政策是错误的。我知道，不放弃使用原子弹的确可以获得一些军事上的好处，因为这可以阻止别的国家发动战争，否则美国会在战争中使用原子弹。但有得必有失，这恐怕会让别的国家更难理解为何要对原子能进行超国家控制。倘若只有美国拥有原子弹,或许没有什么军事上的坏处,然而一旦别的国家也能大量制造原子弹,美国就会因为没有国际协议而损失巨大,因为产业集中和城市生活高度发展都是它的弱点。

既垄断原子弹又拒绝禁用,这使美国遭遇到另一个问题,即无法回到战前公认的战争道德标准。别忘了,美国制造原子弹原本是为了防止德国人先发制人。轰炸民用中心是德国人先发起,日本人又跟进的。盟军则给予了同样的还击(效果还要更好),这样做在道德上是正当的。然而现在,既无任何挑衅,又无任何理由进行报复,美国却拒绝宣布禁用原子弹(除非作为报复),这是把拥有原子弹用作政治目的,让人难以原谅。

我并不是说美国不应制造和贮存原子弹,而是认为它必须这样做,以便阻止别国在拥有原子弹时发动原子攻击。但威慑应当是贮存原子弹的唯一目的。我也认为,联合国应当拥有原子弹作为军事武器,但它拥有原子弹也应当仅仅是为了防止侵略者或捣乱国家发动原子攻击。联合国应当和美国或任何别的国家一样不主动使用原子弹。既贮存原子弹,又不承诺不首先使用,是用原子弹来达到政治目的。也许美国是希望以这种方式来恐吓苏联,迫使其接受对原子能的超国家控制。但制造恐惧只会加剧对抗,增加战争的危险。我认为,这种政策削弱了对原子能进行超国家控制的实际好处。

在刚刚结束的战争中,我们不得不接受敌人那种低得可耻的道德标准。然而现在,我们非但没有感到从敌人的标准中解放出来,自由地恢复人类生命的神圣和平民百姓的安全,反倒把上次战争中敌人的低标准当成了我们自己的标准。可以说,我们正因为自己的选择而滑向另一场堕落的战争。

公众可能还没有充分意识到,未来的战争有可能大量使用原子弹,其危险性可由上次战争结束前爆炸的三颗原子弹来估量。他们同样可能没有认识到,就破坏性而言,原子弹已经成为最经济的攻击手段。在未来的战争中,原子弹不仅数量众多,而且价格便宜。除非美国的政治军事领袖和公众以更大的决心不使用原子弹,否则原子战争将很难避免。除非美国人认识到,他们不会因为拥有原子弹而更强,而会因为易受原子弹攻击而更弱,否则他们不大可能本着促进相互理解的精神来推动成功湖[①]的政策,或者改善与苏联的关系。

但我并不是说,美国未能禁用原子弹(除非为了报复)是它没有同苏联就原子控制达成协议的唯一原因。俄国人已经说得很清楚,他们将竭力阻止一个超国家政体的产生。他们不仅在原子能的议题上拒绝超国家政体,在原则上也完全拒绝它,这等于预先拒绝了任何加入有限世界政府的提议。

葛罗米柯先生说得不错,美国关于原子弹的提议的本质在于,国家主权与原子时代不相容。他宣称,苏联不能接受这种论点,但给出的理由却很模糊,因为显然都是些托词。但事实上,苏联领导人似乎相信,在超国家政体中无法保住苏联的社会结构。苏联政府决意要维持其现有的社会结构。由于苏联领导人本身就是通过这种结构的本性而掌握大权的,所以他们会

[①] "成功湖"(Lake Success),位于美国纽约长岛,在联合国大厦1953年落成之前,这里是联合国总部的临时所在地,故当年一般以"成功湖"称呼联合国。——译者

极力阻止一个超国家政体的产生，无论是为了控制原子能还是别的什么事情。

俄国人认为在超国家政体中难以维持其现有的社会结构，这也许不无道理，但他们早晚会认识到，这远比孤立在法治世界之外更好。不过目前，他们似乎正受到恐惧的牵制，必须承认，美国在原子能等许多方面都在极力制造这些恐惧。的确，美国在执行对苏政策时，仿佛深信恐惧是最有效的外交工具。

虽然俄国人正竭力阻止建立一个超国家安全体系，但这并不意味着其他国家就不应尝试建立它。前已指出，俄国人会竭力阻止他们所不愿看到的事情发生，然而一旦发生，他们也能变通适应。因此，美国和其他国家最好不要让俄国人有机会否决超国家安全体系的建立。他们着手创建时可以怀有一种希望：一旦看到无法阻止这样一个政体，俄国人就会参加进来。

到目前为止，美国对于维护苏联的安全并没有表现出兴趣。美国只关心自己的安全，这是主权国家之间争夺权力的典型特征。但我们无法预先得知，假如美国民众迫使其领导人制定新的政策，以法治来取代当前国际关系的无政府状态，会对俄国人的恐惧造成怎样的影响。在法治世界里，俄国的安全就等于我们自己的安全。倘若美国人民对此衷心拥护（这在民主制度下应当是可能的），或许能让俄国人的思想发生不可思议的转变。

当前俄国人没有理由相信，美国人民实际上并不支持被视为有意恐吓的备战政策。如果有理由表明，美国人的确渴望以一个超国家的法治政体来维护和平，那么这将扭转俄国人的看法，即当前的美国思潮会对他们构成威胁。直到能向苏联提出真正令人信服的提议，并且得到觉醒的美国民众的支持，才有资格说俄国会作何反应。

也许俄国人的最初反应是拒绝接受这种法治世界。但如果俄国人渐渐明白，这样一个世界即使没有他们也能建立起来，而且他们自己的安全也会随之加强，则他们的想法必定会改变。

我赞成邀请俄国人加入一个获准提供安全的世界政府，若他们不愿加入，便着手建立没有他们的超国家安全体系。但不得不说，这种做法非常危险。如果真这样做了，一定要彻底讲清楚，这个新政体并非反俄联盟。它必须联合起来，这样才能大大降低战争的可能性。它在利益上要比单一国家更加多样，所以不大可能诉诸侵略性或预防性的战争。它也会比单一国家更大，因此也更强。它在地理上要广阔得多，因此更难用军事手段摧毁。它将致力于超国家安全，因此不会强调国家至上，而后者正是煽动战争的一个强大因素。

倘若在没有俄国的情况下建立起了超国家政体，则它对和平的推动将会取决于在此过程中的技巧和诚意。让俄国参与进来，这种愿望应当永远都是明确的。要让俄国和所有加入这个组织的国家明白，一个国家不会因为拒绝加入就受到明里暗里的惩罚。如果俄国人开始时没有加入，那就必须向其保证，日后决定加入时，必定会受到欢迎。这个组织的创建者必须明白，建立这个组织的最终目标是得到俄国的支持和加入。

这些说法都很抽象，一个不完整的世界政府必须采取哪些具体做法才能诱使俄国加入，这并不容易概括。但我认为有两个条件是清楚的：首先，新组织不得有军事秘密；其次，每次开会起草、讨论和采用新的法律条文以及制定政策时，俄国均可自由派观察员参加。这样便可摧毁那个在世界上制造出众多猜疑的庞大秘密工厂。

建议创立一个不保守任何军事秘密的政体，也许会让有军事头脑的人蹙额，因为他所受的教育使他相信，如果秘密泄露出去，会让好战国家企图征服世界。（至于所谓原子弹的秘密，相信俄国凭借自己的努力很快就能掌握。）我承认，不保守军事秘密是有风险的。但如果有足够多的国家将力量集中在一起，它们的安全保障就会大大提升，从而经得起这样的风险。此外，由于减少了恐惧、猜疑和不信任，这样做也能有更大的信心。日益增加的战争威胁在基于主权的世界上所造成的紧张局势，将会让位于日益增长的对和平的信心。有朝一日，这也许会对俄国民众产生极大吸引，以至于他们的领袖对待西方的态度会有所软化。

依我之见，超国家安全体系的成员资格不应基于任何独断的民主标准。但有一个要求是必需的：被派到超国家组织——会议或委员会——的代表，必须由各成员国民众以无记名投票方式选出。这些代表必需代表人民，而不是代表任何政府，这将增强该组织的和平本性。

我并不建议要求满足别的民主准则。民主的制度和标准都是历史发展的产物，而在享有这种制度的国家里，并不总能认识到这一点。制定独断的标准会使西方制度与苏联制度在意识形态上的分歧变得更加尖锐。

然而，现在把世界推向战争的并不是意识形态的分歧。事实上，即使所有西方国家都在维持国家主权的情况下实行社会主义，东西方的权力冲突也依然可能持续。就现有的经济体制进行唇枪舌剑的争辩，我认为是非常不理性的。美国的经济生活究竟应像现在这样由少数人来支配，还是这些人应当由国家来控制，这个问题也许很重要，但其重要性还不足以证明由此激起的一切情绪都是正当的。

我希望看到，这个超国家的所有成员国能将各自的军事力量集中起来，自己只保留地方警察。接下来我愿意看到，这些军队得到混编和分配，就像以前奥匈帝国的军团一样。那时的人认识到，不让士兵和军官只驻扎在自己的省份，以免受到地方和种族的牵制，这样能让他们更好地为帝国服务。

我希望看到，这个超国家政体的权力只限于安全领域，但我并不确定能否做到这一点。经验表明，让超国家政体对于掌管经济事务也能有些权力，或许是可取的，因为在现代条件下，经济问题有可能导致国家混乱，从而埋下暴力冲突的种子。但我宁愿看到该组织的整个职能仅限于安全任务，也期望该政体能够通过加强联合国的力量而建立起来，以便在追求和平的过程中保持连续性。

无论开始时有没有俄国参与，建立世界政府都会遇到巨大的困难，这一点我毫不隐瞒。我深知有风险存在。我不希望有国家在加入了超国家组织之后又允许退出，那样就有爆发内战的危险。但我也相信世界政府终将来临，问题在于允许付出多大代价。我相信，即使再爆发一次世界大战，世界政府也会出现，只不过那样一来，它将在战后由获胜方依靠军事力量而建，因此只有通过人类的永久军事化才能维持下去。

但我也相信，世界政府能够仅凭协议和游说来建立，这样代价极低。只是这样一来，仅仅诉诸理性是不够的。东方共产主义制度的一个长处就在于，它带有某种宗教性，能够激起宗教情感。除非受到一种宗教力量和热情的推动，否则建立在法治基础上的和平事业很难有成功的希望。那些对人类的道德教诲担负重任的人，正面临重大的任务和机遇。我认为原子科学家已经确信，单凭逻辑无法唤醒美国人认清原子时代的真相，还必须加上深挚的感情力量，而这正是宗教的一个基本成分。希望不仅是教会，而且大专院校和主要舆论机构都能在这方面很好地尽到自己独特的责任。

32.赢了战争，却输掉和平

物理学家的处境与阿尔弗雷德·诺贝尔并没有什么两样。诺贝尔发明了一种当时最猛烈的炸药，破坏力惊人。为了对此赎罪，以及减轻良心上的不安，他设立奖项来促进与实现和平。今天，参与研制有史以来最可怕和最危险武器的物理学家，即使不说深有愧疚，也是备受责任感的折磨。我们必须一再发出警告，不能也不应当有片刻松懈，要让世界各国尤其是政府明白，除非改变对待彼此和塑造未来的态度，否则肯定会酿成不可言喻的灾难。我们之所以帮助研制这种新武器，是为了防止人类公敌抢先得手。若以纳粹的思维，那将意味着难以想象的破坏和对全世界的奴役。我们将这种武器交给英美两国，是因为把他们看成全人类的依托与和平自由的战士。但是到目前为止，我们既没有看到和平的保证，也没有看到《大西洋宪章》向各国许诺的自由保证。我们赢了战争，却输掉和平。曾经团结奋战的大国，如今却在和平协议上四分五裂。世界曾被许诺有免于恐惧的自由，但事实上，自战争结束以来，恐惧却大大增加。世界曾被许诺有免于匮乏的自由，然而现在，世界上大多数人正面临饥饿，另一部分人却养尊处优。各国曾被许诺自由和正义，而我们却一再目睹悲惨的景象：所谓的"解放"部队朝着追求独立和社会平等的民众开火，用武力来支持那些国家中最能为既得利益服务的政党和个人。领土问题和权力之争虽然已经过时，但仍然压过了对共同幸福和正义的根本要求。请允许我特别以犹太同胞为例来谈谈这个问题，它不过是普遍症状的反映罢了。

只要纳粹的暴行只针对或主要针对犹太人，世界上的其他国家就会袖手旁观，甚至与公然犯罪的第三帝国政府签订条约和协议。后来，当希特勒快要占领罗马尼亚和匈牙利时，马伊达内克和奥斯维辛两处集中营已经落到同盟国手中，毒气室的杀人方法已为世人所知，解救罗马尼亚和匈牙利两国犹太人的所有努力却落空了，因为英国政府拒绝犹太移民去巴勒斯坦，也没有国家愿意收容那些被遗弃的人，让他们就像被占领国的兄弟姐妹一样遭到杀戮。

我们永远不能忘记斯堪的纳维亚各国、荷兰、瑞士等小国的英勇努力，不能忘记欧洲被占领地区竭尽全力保护犹太人的人们。我们也忘不了苏联的人道主义态度，当纳粹军队挺进波兰时，苏联是唯一为数十万犹太人敞开大门的大国。然而在所有这一切未受阻止地发生之后，今天的情况又如何呢？欧洲领土正在被瓜分，当事人的意愿丝毫没有被顾及，而仅有战前人口五分之一的残存的欧洲犹太人，仍被拒绝进入巴勒斯坦的避难所，听任他们饥寒交迫并继续受到敌视。即使是今天，也没有国家愿意或能够为其提供一个地方，让他们和平安全地生活。事实上，他们中有很多人仍然被盟军留在条件恶劣的集中营里，这足以证明形势的可耻与绝望。这些人被禁止进入巴勒斯坦是以民主原则为由，但实际上，西方列强支持"白皮书"禁令，只不过是屈从于五个地广人稀的阿拉伯国家的威胁和外部压力罢了。英国外交大臣对总数少得可怜的欧洲犹太人说，他们应当留在欧洲，因为那里需要他们的才智，另一方面又建议他们不要抢在队伍前头，以免招致新的仇恨和迫害。这真是十足的讽刺！唉，恐怕他们也很无奈。想想六百万死难同胞，他们也不愿被推到队伍前头，推到纳粹受害者的队伍前头啊。

战后的世界景象并不光明。我们物理学家不是政客，也从没想过要干预政治，但我们知道一些不为政客所知的事情。我们觉得有义务大声说出来，并提醒那些有负责的人：不存在轻松安逸的退路，时间已经不允许我们磨磨蹭蹭，将必要的改变推到遥遥无期的未来，也没有时间锱铢必较。形势要求我们做出勇敢的努力，彻底改变我们的整个态度，改变整个政治概念。但愿那种促使诺贝尔设立伟大奖项的精神，人与人之间相互信任、宽容友好的精神，能在那些决定我们命运的人心中绽放，否则人类文明将在劫难逃。

33. 大规模毁灭的威胁

每个人都意识到收缩为一个命运共同体的人类社会所处的艰难而险恶的状况，但只有少数人相应地采取行动。大多数人继续过着每天的生活：一半害怕，一半冷漠，他们看着这个可怕的悲喜剧正在国际舞台上演，展现在世人眼前。但在这个舞台上，泛光灯下的演员扮演着他们命中注定的角色，决定着我们明天的命运、各国的生死。

倘若问题不是人类自己制造的，比如原子弹和其他同样威胁着所有人的大规模毁灭性手段，情况就会有所不同。例如，如果黑死病的流行正在威胁整个世界，情况就不同了。在这种情况下，有责任心的专家将被召集到一起，制定明智的计划来对付这场瘟疫。在就正确的方式和手段达成一致之后，他们将向政府提交计划。这几乎不会引发严重的反对意见，而会就所要采取的措施迅速达成一致。处理这件事时，他们肯定不会想到要让他们自己的国家幸免于难，而让其他国家遭到毁灭。

但我们的情况难道不能和一种险恶的流行病相比吗？人们无法以真实的眼光看待这种形势，因为他们被激情蒙蔽了双眼。普遍的恐惧和焦虑产生了仇恨和攻击。对战争的目标和活动的适应已经败坏了人的心智，以致理智、客观、人道的思考几乎没有任何效果，甚至作为不爱国而遭到怀疑和迫害。

毫无疑问，在相反的阵营中有足够多具有可靠判断力和正义感的人，他们有能力并且渴望共同解决实际困难。但这些人的努力受到了阻碍，因为他们不可能聚在一起进行非正式讨论。我想到的是那些习惯于客观对待问题的人，他们不会被夸张的民族主义或其他激情所迷惑。我认为，这两个阵营的被迫分离，是国际安全这一紧迫问题获得可接受的解决方案的主要障碍之一。

只要两大阵营之间的接触仅限于官方谈判，我就对达成明智的协议不抱什么希望，特别是因为，对国家威望的考虑以及试图不再考虑民众的利益，必然会使合理的进展变得几乎不可能。一方提出的官方建议仅仅因为这个理由就会受到怀疑，甚至不被另一方所接受。所有官方谈判的背后都隐藏着赤裸裸的武力威胁。只有在非正式的艰苦的前期准备工作做完之后，官方的方法才能取得成功；必须首先相信能够达成一种令双方都满意的解决方案，然后才能进行实际的谈判，并且有可能取得成功。

我们科学家相信，在接下来几年里，我们和同胞的所作所为将会决定我们文明的命运。我们认为自己的任务就在于不懈地解释这个真相，以帮助人们认识到所有危在旦夕的事情。我们的努力不是为了安抚和劝慰，而是为了不同观点的民族和国家之间达成理解和最终的一致。

34.学校与和平问题

凭借着地理优势，美国有幸能在学校里讲授理性的和平主义，而不必担心其安全。由于没有严重的外部军事袭击的危险，因此也没有强迫青少年进行军事精神教育。另一方面，纯粹从情感的角度来看待这个问题是有危险的。然而，如果没有对问题的本质困难有一个清晰的把握，仅凭一厢情愿的思考是不会有什么收获的。

首先，应该向青年人表明，美国随时可能卷入军事行动，即使不必担心直接袭击该国。仅仅提到美国参加了上一次世界大战就足以证明这一点。要想让美国人获得真正的安全，不被卷入军事行动，必须令人满意地解决一般的和平问题。有必要提醒人们，不要以为美国在政治上的与世隔绝会给美国人带来足够的安全保障。相反，必须唤起青年人对和平问题的国际解决方案的强烈兴趣。特别是必须让青年人清楚地认识到美国政治家所承担的严重责任，即在达成和平之后未能支持威尔逊宏伟构想的计划，从而损害了国际联盟的效力。

必须指出，只要有大国准备通过军事扩张来实现其未来的世界地位，那么仅仅要求裁军便是徒劳的。例如，必须阐明法国所代表的立场的合理性，即各国的安全必须由国际机构来保证。为了实现这样的安全，缔结国际条约来共同防御破坏和平的国家是必要的，但并不充分。相反，必须通过大规模的军事合并和交换使军事防御资源国际化，以至于驻扎在任何一个国家的军事力量都不可能仅仅用于实现该国的目标。

为了让各国为这种有效的和平保障做好准备，应该让青年人清楚而敏锐地注意到这个至关重要的问题。国际团结精神也应得到加强，民族沙文主义则应作为阻碍进步的有害力量加以打击。

学校应当致力于从进步和人类文明发展的角度来呈现历史，而不是把历史用作一种手段，在青年一代的头脑中培养外在武力和军事胜利的理想。我认为，从这个角度来看，应当大力推荐使用威尔斯的《世界史纲》(*World History*)。

最后，在地理和历史的教学中，培养对世界上不同的民族，特别是我们习惯称之为"原始"的那些民族的特点作一种同情的理解，虽然间接，但却相当重要。

35. 论兵役

我坚定地支持一个原则,即和平主义问题的真正解决只有通过组织一个超国家的仲裁法庭才能实现。与目前在日内瓦的国际联盟不同,该法庭将拥有执行其裁决的手段。简而言之,它应是一个拥有永久性军事机构或更好是警察部队的国际正义法庭。戴维斯勋爵的《力》(Force)一书(伦敦,欧内斯特·本恩有限公司[Ernest Benn, Ltd.],1934年)就出色地表达了我的这种信念,强烈建议所有认真关注人类这一根本问题的人阅读这本书。

从这一基本信念出发,我主张采取一切措施使人类更接近这一目标。直到几年以前,具有自我牺牲精神的勇敢的人拒绝当兵就**曾是**这样一种措施;特别是在欧洲,这种做法已经不再是值得推荐的手段。当各个大国拥有几乎同样民主的政府,并且都没有将未来的计划建立在军事侵略上时,大量公民拒绝服兵役可能会促使这些大国的政府倾向于国际法律仲裁。此外,这种拒绝易于把真正的和平主义教给公众。公众开始认为,国家对其公民施加的任何压力,迫使其履行军事义务,都是一种压迫,而且从道德角度看,这种压力是不道德的。

在这些情况下,这种拒绝是为了最高的善。

然而今天，我们不得不面对这样一个事实：各个强国使其公民无法在政治上发表独立意见，并通过有系统地散布虚假信息而使本国人民误入歧途。与此同时，这些国家通过建立全民的军事组织而成为对世界其他地区的威胁。传播这些虚假信息的是缄默的新闻界、集中管理的广播以及由侵略性的外交政策所统治的学校教育。在这些国家中，拒绝服兵役对那些敢于反抗的人来说意味着殉难和死亡。而在公民仍然坚持自己政治权利的那些国家，拒绝服兵役则意味着削弱了文明世界其余明智地区的抵抗力量。

因此，今天任何一个理智的人都不会赞成拒绝服兵役，至少在目前特别危险的欧洲是如此。

我并不认为在目前的情况下消极抵抗是一种有效的方法，即使是以最英勇的方式进行的。不同时代有不同的方式，即使最终目标保持不变。

因此，坚定的和平主义者目前必须寻求不同于以往更和平时期的行动计划。他必须努力实现这一目标：让那些支持和平进步的国家尽可能地走到一起，以使那些以暴力和掠夺为基础的政治冒险家的战争计划不大可能实现。我首先想到的是美国和大英帝国，在可能的情况下也包括法国和俄国，采取深思熟虑的永远一致的行动。

也许目前的危险会促进这种**友好关系的恢复**，从而使国际问题得到和平解决。这将是目前黑暗局势的希望所在。在这里，一致的行动可以极大地促进沿着正确的方向影响公众舆论。

36. 科学中的军事侵入

军事心态

我认为，当前形势的决定性一点在于，不能把我们面临的问题看成孤立的。首先，有人也许会提出以下问题：从现在起，学术研究机构将越来越需要国家的资助，因为由于种种原因，私人来源将会不够。把纳税人为这些目的筹集的资金交给军队来分配，这是否合理呢？对于这个问题，每一个谨慎的人都会回答："不！"因为很明显，进行最有益分配的艰巨任务应该交给这样一些人来完成，他们所受的训练和毕生的工作证明他们了解科学和学术。

如果通情达理的人仍然倾向于由军事机构来分配大部分可用资金，那么原因在于，他们使其文化关切从属于总体的政治观。然后，我们必须把注意力集中在这些实际的政治观点、它们的起源及其含义上。在此过程中，我们很快就会意识到，这里讨论的问题只是众多问题中的一个，只有在一个更广泛的框架内才能对它做出充分估计和恰当判断。

对美国来说，我们提到的趋势是某种新生事物。此时，在两次世界大战以及随后所有力量都集中于军事目标的影响下，发展出了一种以军事为主导的心态，这种心态随着几乎是突然的胜利而变得更加突出。这种心态的典型特征是，人们将伯特兰·罗素如此生动地称之为"赤裸裸的权力"的重要性置于影响人与人之间关系的所有其他因素之上。正是由于经历了这种心态的转变，尤其是被俾斯麦的成功所误导的德国人在不到一百年的时间里就遭到了彻底毁灭。

我必须坦率地承认，自敌对行动结束以来，美国的外交政策有时使我不自觉地想起了威廉二世皇帝统治下的德国的态度。我知道，不光是我，其他人也非常痛苦地想到了这种类比。军事心态的典型特征是，非人的因素（原子弹、战略基地、各种武器、原材料的占有，等等）被认为是至关重要的，而人及其欲望和思想——简而言之，心理因素——被认为是不重要和次要的。这与马克思主义有某种相似之处，至少就其理论方面而言是如此。个人沦为单纯的工具，成了"人的材料"。人类渴望的正常目标随着这种观点不见了踪影。而军事心态则把"赤裸裸的权力"当成了目标本身，这是人类所能屈从的最奇特的幻觉之一。

在我们这个时代，军事心态要比以往更加危险，因为进攻性武器已经变得比防御性武器强大得多。因此，它必然会导致预防性战争。与此相伴随的普遍的不安全感导致以所谓的国家幸福牺牲了公民权利。

政治迫害以及各种各样的控制（例如对教学和研究的控制，对新闻界的控制，等等）似乎是不可避免的，因此不会遭到民众的抵抗，若不是出于军事心态，这种抵抗会提供一种保护。对所有价值的重新评估逐渐发生，因为所有不能明确为乌托邦目标服务的东西都被视为劣等品。

我认为，除了采取一项具有远见的诚实而勇敢的政策，以在超国家基础上建立安全，没有其他办法可以摆脱目前的状况。我们希望，只要外部环境赋予它以领导作用，就会有足够数量和道德力量的人来引导这个国家走上这条道路。这样一来，我们这里讨论的问题就不复存在了。

37.国际安全

从地理上看，美国人无疑处于特别有利的位置，军事攻击对这个国家的威胁不一定要认真考虑。但他们对建立一个国际仲裁法庭，以和平的方式解决所有国际争端或分歧并有权提供保障表现出了真正的兴趣。这次世界大战表明，各国的命运是紧密交织在一起的，世界经济危机也给我们以同样的教导。

因此，至关重要的是，美国青年应把精力集中到这样一个目标，即美国应积极参与使国际秩序成为现实的一切努力。显然，许多美国人都非常关注战争和战后时期。这也表明，持续的疏远政策不仅会伤害全人类，也会伤害美国。

名　　人

38.艾萨克·牛顿

如果用它永无止境的任务来衡量，理性当然是软弱的。与人类的愚蠢和激情相比，理性的确很软弱，我们必须承认，愚蠢和激情几乎完全主宰着人类的命运，无论大事还是小事。然而，理性的作品却要比喧嚣忙乱的世世代代更为长久，并且在历史的长河里发光发热。受此思想的安慰，在这动荡不安的日子里，让我们共同缅怀三百年前降临人间的牛顿。

想到牛顿就是想到牛顿的事业。因为只有把这样的人看成追求永恒真理的一个场景，才能理解他。早在牛顿之前，就有一些有魄力的人认为，通过由简单的物理假说进行纯粹的逻辑推理，可以对感官所能感知的现象作出令人信服的解释。但牛顿第一次成功地找到了一个得到清晰表述的基础，通过数学思维，他可以从中逻辑地、定量地并且与经验相一致地推论出广泛的现象。事实上，他很可能希望其力学基础最终能为理解所有现象提供一把钥匙。他的学生们比他更有信心，其后继者们也是如此，这种状况一直持续到18世纪末。这个奇迹是如何在他的头脑中诞生的呢？请读者原谅我提出这个不合逻辑的问题。因为如果能够通过理性解决"如何"的问题，也就不可能有严格意义上的"奇迹"了。一切理智活动都旨在把"奇迹"转变成某种它已经领会的东西。在这种情况下，如果奇迹允许自己被转变，我们对牛顿思想的敬仰就变得愈发强烈了。

通过对最简单的经验事实做出巧妙的解释，伽利略确立了这样一个命题：一个不受外力作用的物体会永远保持其原有的速度（和方向）；如果它改变了速度（或运动的方向），那么这种变化必定由外因引起。

为了定量地利用这种认识，必须首先用精确的数学来解释速度和速度变化率——即一个被认为没有大小的物体（质点）的任何给定运动的加速度——的概念。这项任务促使牛顿发明了微积分学的基础。

这本身就是一项极富创造性的成就。然而，对于作为物理学家的牛顿来说，这仅仅是一种新的概念语言的发明，他需要用这种语言来表述一般的运动定律。对于给定的物体，他现在必须提出这样一个假说：他在大小和方向上做出精确表述的加速度与作用于物体之上的力成正比。这一刻画了物体加速能力的比例系数完全描述了（没有大小的）物体的力学性质，质量的基本概念就这样被发现了。

以上所述——尽管是以极为质朴的方式描述的——可以被称为对伽利略已经认识到其本质的某种东西的精确表述。但它并没有成功地解决主要问题。换言之，只有当作用在物体上的力的方向和大小永远已知时，运动定律才会产生物体的运动。这样一来，这个问题就归结成了另一个问题：如何查明作用力。考虑到宇宙万物彼此之间产生的影响似乎是无穷多样的，一个不如牛顿大胆的人必定会对此感到绝望。此外，我们感知其运动的物体绝不是没有大小的点,即可以被感知为质点,那么牛顿是如何处理这种混乱的呢?

如果我们在无摩擦的情况下推动一辆小车在水平面上移动,那么我们施加于小车的力是直接给定的。这正是导出运动定律的理想状况。我们在这里处理的不是一个没有大小的点,这似乎并不重要。

那么,一个在空中下落的物体的情况又如何呢?如果把一个自由下落的物体的运动看成一个整体,那么该物体的表现几乎和没有大小的点一样简单。它在下落过程中不断加速。伽利略认为,加速度与物体的本性和速度无关。当然,地球对于这种加速度的存在必定起着决定性的作用。于是,地球似乎仅凭自身的存在就对物体施加了一种力。地球由许多部分组成。认为其中每一个部分都会影响下落物体,而且所有这些影响都结合在一起,这似乎是一种不可避免的想法。于是,似乎存在着一种力,物体仅凭自身的存在就可以穿过空间彼此施加这种力。这些力似乎不依赖于速度,而只取决于施加这些力的各个物体的相对位置和定量性质。这种定量性质可能受其质量的制约,因为从力学的观点看,质量似乎刻画了物体的典型特征。这种奇特的超距作用可以称为引力。

现在,要想获得关于这种作用的精确知识,我们只需查明给定质量和距离的两个物体施加于彼此的力有多大。至于力的方向,大概只能沿着它们的连线。至此,我们仍然未知的只剩下这种力对两个物体之间距离的依赖性。但这一点我们不可能先验地知道,而只能使用经验。

不过，牛顿有这样的经验。由月球轨道可以知道月球的加速度，并且可以与地球表面上自由落体的加速度相比较。此外，开普勒非常精确地确定了行星围绕太阳的运转，并且将它表述为几条简单的经验定律。这样便有可能确定来自地球和太阳的引力作用如何依赖于距离因素。牛顿发现，一切都可以通过一种与距离的平方成反比的力来解释。随着这一目标的实现，天体力学诞生了，牛顿本人和后来者对此进行了上千次的确证。但物理学的其余部分呢？引力和运动定律并不能解释一切。是什么决定了固体各个部分的平衡？如何解释光，如何解释电现象？通过引入质点和各种超距作用力，一切似乎都可以从运动定律中合理地推导出来。

这一希望未能实现，不再有人相信在这个基础上可以解决我们的所有问题。然而，今天物理学家的思想在很大程度上仍然受到牛顿基本观念的制约。到目前为止，我们尚不可能用一种具有类似统一性的全面观念来取代牛顿的统一宇宙观。但如果没有牛顿的清晰体系，我们迄今为止取得的成就是不可能的。

现代技术发展所需的思想工具主要来自于星体观测。至于我们这个时代对这些思想工具的滥用，像牛顿这样有创造力的人和星体本身一样没有责任，他们的思想在沉思星体的过程中展翅翱翔。不得不说，在我们这个时代，为了思想本身的价值而尊重思想已经不像在思想复兴的几个世纪里那样活跃了。

39. 约翰内斯·开普勒

从开普勒的书信中，我们看到了一个异常敏感的人，他热情地致力于对自然过程的特性进行更深入的探索，不顾内在和外在的种种困难，实现了为自己设定的崇高目标。开普勒毕生致力于解决两个问题。太阳和行星以一种可以直接观测的复杂方式改变了相对于恒星背景的视位置。换言之，精心编制的所有观测和记录实际上并非针对行星在空间中的运动，而是针对地球-行星方向所经历的时间变化。

一旦哥白尼能使少数理解这一点的人确信，在这个过程中，必须认为太阳是静止的，而包括地球在内的行星则围绕太阳旋转，那么第一个大问题就是：如何确定一个配备有完美的立体双目望远镜的最近恒星上的观测者所能看到的包括地球在内的行星的真运动。这是开普勒的第一个大问题。第二个问题是：这些运动是按照什么数学定律进行的？显然，第二个问题的解决（如果是人的思想所能及的话）依赖于第一个问题的解决。在解释某个过程的理论能被检验之前，必须首先认识这个过程。

开普勒对第一个问题的解决基于一个真正有启发性的想法，它使确定地球的真轨道成为可能。为了作出这个轨道，除了太阳，还需要行星空间中的第二个固定点。有了这第二个点，它和太阳都可以被用作角度测量的参考点，地球的真轨道可以通过测绘和制图中那种常用的三角测量法来确定。

但是，既然除太阳之外的所有可见物体都在作着细节不为人所知的运动，第二个固定点应该到哪里去寻找呢？开普勒的回答是：我们已经非常精确地掌握了火星的视运动，包括它绕太阳旋转一周的时间（"火星年"）。在每一个火星年的末尾，火星很可能都位于（行星）空间中的同一个地点。如果我们暂时仅限于这些时间点，那么对它们而言，火星就代表着行星空间中一个可以被用于三角测量的固定点。

运用这一原理，开普勒首先确定了地球在行星空间中的真运动。由于地球本身可以在任何时候被用作三角测量的点，他也能从他的观测中确定其他行星的真运动。

这样一来，开普勒便获得了与他的名字永远联系在一起的三大基本定律的基础。今天，没有人能在事后充分认识到，要想发现这些定律并加以精确的确定需要多么大的创造力，需要多么艰苦和不知疲倦的工作。

读者从这些书信中应当知道，开普勒是在怎样的艰难条件下才完成了这项宏伟的工作。他并未因为贫穷或者不被那些有权决定其生活和工作的同时代人理解而感到气馁或不知所措。然而，他所涉及的学科会对声称真相的人构成直接危险。但开普勒属于极少数竭尽全力公开坚持自己在各个领域的信念的人。同时，他也不像伽利略那样热衷于个人争论，伽利略那充满灵感的尖刻言语至今仍然可以取悦博学的读者。开普勒是一个虔诚的新教徒，但他毫不掩饰自己并不赞成教会的所有决定。因此，他被认为是一个温和的异教徒，并且受到了相应对待。

这让我想起了我已经暗示过的开普勒必须克服的内在困难。它们不像外在困难那样容易察觉。只有在很大程度上成功地摆脱了他生于其中的思想传统，开普勒一生的工作才有可能。这不仅意味着建立在教会权威基础上的宗教传统，而且意味着一般的自然概念、关于宇宙和人的领域中的行动界限，以及关于思想和经验在科学中的相对重要性的观念。

他必须摆脱万物有灵论的研究方式，一种导向隐秘目的的思维方式。他首先必须认识到，即使是最清晰的逻辑数学理论本身也不能保证真理，除非经过自然科学中最精确的观测结果的检验，否则就会变得毫无意义。如果没有这种哲学取向，开普勒的工作是不可能的。他没有谈到这一点，但内心的挣扎却反映在他的书信中。请读者注意那些有关占星术的评论。它们表明，那个被征服的内在敌人已经变得无害，尽管尚未完全死去。

40.悼念玛丽·居里

像居里夫人这样备受景仰的人物走到生命的尽头时,我们不要仅仅满足于回顾她给世人带来的研究成果。对一个时代和整个历史进程而言,一流人物的道德品质也许比纯粹理智上的成就更有意义。即使是纯粹理智上的成就,也远比通常认为的更依赖于高尚的品质。

我有幸能与居里夫人有20年崇高而真挚的友谊。她伟大的人格让我越发感到敬佩。她内心坚毅、意志纯洁、严于律己、公正无私、不偏不倚,所有这些难得的品质都集于一身。她任何时候都自视为社会的仆人,谦虚恭谨、永不自满。她因社会的严酷和不平等而心情压抑,遂有了那副严肃的外表,不了解她的人很容易因此产生误解——这是一种无法用任何艺术气质来缓解的不同寻常的严肃性。一旦认定是正确的道路,她就会毫不妥协、坚忍不拔地走下去。

她一生最伟大的科学成就是证明放射性元素的存在并把它们分离出来。这种成就不仅要归功于大胆的直觉,更有赖于她全身心投入,在难以想象的极端艰苦条件下顽强地工作,这在实验科学史上并不多见。

居里夫人的风骨和热忱哪怕有一小部分活在欧洲知识分子心中，欧洲的未来就会更加光明。

41. 悼念马克斯·普朗克

一个注定以伟大创见造福世界的人无需后世赞扬，其成就本身已经给了他更高的回报。

然而，今天所有追求真理和知识的人的代表从世界各地赶来，这是一件好事，而且很有必要。大家来到这里就已经证明，即使在我们这个时代，政治狂热和残酷武力如利剑一般悬在痛苦不堪、惊恐万状的人们头上，我们追求真理的理想旗帜也依然高高飘扬、光芒不减。这种理想是一条纽带，将各个时代、各个地方的科学家永远联系在一起。马克斯·普朗克就罕见地完美体现了这种理想。

希腊人早已构想出物质的原子性，19世纪的科学家则使这个概念变得更加可信。但最先不依赖于其他假设而精确地定出原子绝对尺寸的却是普朗克的辐射定律。不仅如此，他还令人信服地表明，除了物质的原子结构，能量也具有原子结构，而且受普朗克所引入的普适常数 h 的支配。

这一发现成为20世纪整个物理学研究的基础，自那以后几乎完全决定了物理学的发展。若是没有这一发现，就不可能建立一种关于分子、原子的可行理论，并且确定支配其转变的能量过程。不仅如此，它还打破了经典力学和电动力学的整个框架,并且为科学规定了一项新的任务:为整个物理学找到一个新的概念基础。虽然这个问题已经有了一些显著进展,但还远未得到令人满意的解决。

在向这位伟人致敬的同时,美国科学院表示希望,为纯粹知识而进行的自由研究能始终不受妨碍和损害。

42. 悼念保罗·郎之万

相比于令人充满失望的这些不幸岁月中的大多数事件，保罗·朗之万去世的消息给我的打击要更大。为什么会这样呢？这个与自己和谐相处的人，其人生难道不是既漫长，又充满了富有成效的创造性工作吗？他难道没有因为对思想问题的敏锐洞察而广受尊敬吗？难道没有因为投身于一切高尚的事业，因为对所有生灵的理解和仁慈，而受到普遍爱戴吗？对个人的生命设定自然的界限，使之在结束时显得像是一件艺术品，这难道不令人满意吗？

保罗·朗之万的去世给我带来的悲伤尤为强烈，因为它使我感到万分的孤独和凄凉。在任何一代人当中，很少有人能在清晰地洞察事物本质的同时，对真正人性受到的挑战和军事行动能力产生强烈的感受。当这样一个人离世时，他所留下的缺憾是幸存者所难以忍受的。

在科学思想上，朗之万极为清晰和敏锐，对关键点有着无可置疑的直觉洞察。正是由于这些特质，他的讲演对不止一代法国理论物理学家产生了至关重要的影响。但朗之万对实验技巧也很了解，他的批评和建设性的建议总能产生丰硕的结果。此外，他本人的原创性研究对科学的发展产生了决定性的影响，主要是在磁学和离子理论领域。然而，他总是愿意承担责任的做法限制了他自己的研究工作，因此他的劳动成果更多地出现在其他科学家的出版物而不是他自己的出版物上。

在我看来，一个可以预料的必然结果是，若不是别人提出了狭义相对论，他本来是可以完成这项工作的，因为他已经清楚地觉察到其基本方面。另一件令人钦佩的事情是，他充分认识到了德布罗意思想的意义——薛定谔后来由此发展出了波动力学的方法——甚至在这些思想被整合成一个一致的理论之前。我还清楚地记得他告诉我这件事时的愉快和热情，也记得我当时听懂了他的话，但将信将疑。

朗之万一生都在经历着对我们社会经济制度的缺陷和不平等的认识。但他坚信理性和知识的力量。他的内心是如此纯洁，以至于深信一旦看到理性和正义的光芒，所有人都会愿意彻底忘我。理性是他的信条，一种不仅带来光明而且带来拯救的信条。他想让所有人都过上幸福生活的愿望，也许比他对纯粹思想启蒙的渴望还要强烈。因此，他把大量时间和精力投入到政治启蒙上。任何一个向他的社会良知求助的人都不会空手而归。因此，他伟大的道德人格也使他遭到许多更为平庸的知识分子的强烈敌视。而他却能理解所有这些人，以其仁慈从未怨恨任何人。

我只能为认识这个令人敬仰的纯洁的人而表达我的感激之情。

43. 悼念瓦尔特·能斯特

最近去世的瓦尔特·能斯特是我一生中密切交往的最有特点和最有趣的学者之一。他没有错过在柏林举行的任何一次物理学会议，他简短的讲话证明了一种惊人的科学直觉，既能深刻地理解他所掌握的大量事实材料，又能罕见地驾驭他所擅长的实验方法和技巧。虽然我们有时会对他那孩子般的虚荣和自满抱以善意的微笑，但我们对他不仅有一种真诚的敬佩，还有一种个人的喜爱。只要他以自我为中心的弱点没有介入进来，他就会表现出一种罕见的客观性、对关键点的敏锐察觉以及对认识自然界深刻相互关系的真正热情。倘若没有这样的热情，他那极富创造性的生产力和对本世纪前三分之一的科学生活的重要影响是不可能的。

继阿伦尼乌斯、奥斯特瓦尔德和范特霍夫之后，能斯特成为一个以热力学、渗透压和离子理论为研究基础的世系的最后一位成员。直到1905年，他的工作基本上只限于这一系列思想。他的理论工具有些初级，但他以罕见的聪明才智掌握了它。例如浓度局部可变溶液中的电动势理论，即通过添加溶解物质来降低溶解度的理论。在此期间，他发明了用惠斯通电桥（交变电流，电话作为指示器，比较电桥支路中的补偿电容量）来测定导电体介电常数的巧妙的零位法。

　　第一个富有成效的时期主要是改进方法论和完成对一个领域的探索，该领域的原理在能斯特之前就已经为人所知。这项工作渐渐把他引向了一个一般问题：由一个系统在各种状态下的已知能量，能否计算出它从一种状态变成另一种状态所得到的有用功？能斯特意识到，仅仅通过热力学方程，是不可能由能量差U从理论上确定转变功A的。由热力学可以推断，在绝对零度时，A和U的温度必定是相等的。但即使在所有条件下U的能量值或能量差都是已知的，我们也不能对于任意温度从U导出A。只有引入一个关于这些量在低温条件下发生反应的假设（该假设因为简单而显得自明），这种计算才是可能的。这个假设就是，A在低温条件下变得与温度无关。将该假设作为一种假说（热理论的第三条主要原理）引入进来是能斯特对理论科学的最大贡献。普朗克后来发现了一个在理论上更加令人满意的解决方案，即熵在绝对零度时会消失。

　　从关于热的古老观点来看，这第三条主要原理要求物体在低温条件下有非常奇怪的反应。为了证明这条原理的正确性，必须大大改进低温条件下的量热学方法。高温条件下的量热学也因为能斯特而取得了长足的进步。通过所有这些研究，以及通过他那不知疲倦的发明天才为他所在领域的实验者提供的许多令人鼓舞的建议，他非常有效地促进了他那代人的研究工作。量子理论的开端便得益于这些热量研究的重要成果，尤其是在玻尔的原子理论使光谱学成为最重要的实验领域之前。能斯特的权威著作《理论化学》不仅为学生，而且也为学者提供了丰富的启发性思想；它虽然在理论上很基础，但却机智、生动，充满了关于各种相互关系的暗示。它真实地反映了他的理智特征。

能斯特并不是那种只偏向一个方面的学者。他健全的常识成功地介入了实际生活的各个领域，每次与他交谈都会使一些有趣的事情浮出水面。他区别于几乎所有同胞的是他明显摆脱了偏见。他既不是民族主义者，也不是军国主义者。他对事物和人的判断几乎完全根据它们的直接成功，而不是根据某种社会或伦理理想。这是他摆脱偏见的结果。同时，他对文学很感兴趣，而且有一种在担负如此繁重工作的人身上很少见的幽默感。他颇具原创性，我从未见过任何一个本质上与他相似的人。

44.悼念保罗·埃伦费斯特

如今，品质高尚的人自愿离开人世的情况屡有发生，以至于我们不再觉得这样的结局有什么不同寻常。然而，告别的决定通常源于没有能力——或至少是不愿——忍受新的、更困难的**外在**生活状况。因**内心**冲突无法忍受而拒绝度过余生，这种情况即使在今天心智健全的人当中也是很罕见的，只有在最高贵、道德最高尚的人身上才有可能发生。我们的朋友保罗·埃伦费斯特正是在这样一场悲剧性的内心冲突中屈服了。熟悉他的人（我也有幸忝列其中）都知道，这个清白的人基本上是良心冲突的牺牲品，这种良心冲突任何年逾（比如说）五旬的大学教师都无法幸免，只是表现形式有所不同。

我是22年前认识他的。那时他直接从俄国来布拉格拜访我，在俄国，他因是犹太人而被禁止在高等学术机构教书。他正在中欧或西欧寻找一个职位。但我们几乎没有谈论这一点，因为我们几乎只对当时的科学状况感兴趣。我们都意识到，经典力学和电场理论在面对热辐射和分子过程的现象（热的统计理论）时已经不再管用，但似乎没有可行的办法来摆脱这一困境。普朗克辐射理论（尽管我们都非常钦佩）的逻辑缺陷是显而易见的。我们还讨论了相对论，他带着某种怀疑态度作出了回应，不过是以他特有的批评式判断。仅仅几个小时，我们就成了真正的朋友，仿佛我们的梦想和志向本来就是为对方而存在的。我们一直保持着亲密的友谊，直到他离开人世。

他的天赋在于他有异常发达的能力，能够把握理论概念的本质，剥去理论的数学外衣，直到简单的基本观念清晰地浮现出来。这种能力使他成为一位无与伦比的教师。正是由于这个原因，他被邀请参加科学大会，因为他总能使任何讨论变得清晰和敏锐。他反对模糊和累赘，必要时会显得机智幽默，甚至是明显的失礼。他的一些言论几乎可以被解读为傲慢自大，但他的悲剧恰恰在于近乎病态的缺乏自信。他的批判能力超越了建设能力，这使他痛苦不已。从某种意义上说，他的批判意识剥夺了他对自己思想成果的爱，甚至在它们产生之前就是如此。

我们第一次见面后不久，埃伦费斯特的外在事业出现了重大转折。我们尊敬的老师洛伦兹即将退出日常的大学教学，他认为埃伦费斯特是一位充满灵感的老师，并推荐作为自己的继任者。一个神奇的活动领域向这位仍然年轻的人敞开了大门。他不仅是我所知道的我们这一行最好的老师，而且还热情地关注人们尤其是他的学生的发展和命运。理解他人，获得他们的友谊和信任，帮助任何卷入外在或内心斗争的人，鼓励年轻的人才——所有这些都是他真实的组成部分，甚至比沉浸在科学问题中更真实。他在莱顿的学生和同事都很喜欢和尊敬他。他们知道，他全心全意的奉献、他的天性完全适合于服务和帮助。难道他不应该是个幸福的人吗？

事实上，他比我身边的任何人都更感到不幸福。因为他觉得自己不能胜任他所面临的崇高任务。大家都尊敬他又有什么用呢？他的力不从心之感虽然客观上毫无根据，但却不断困扰着他，常常使他失去研究所需的心灵宁静。他受到的折磨是如此严重，以致不得不通过分散注意力来寻求安慰。他经常漫无目的地旅行，痴迷于无线电广播，还有他那焦躁不安的生活的其他许多特征，并非源于他需要镇静和无害的爱好，而是源于我已经暗示的心理冲突所引发的一种奇特的逃避冲动。

在过去几年里，由于理论物理学最近经历的混乱发展，这种情况变得更加恶化。学习和讲授那些你无法完全接受的东西永远是一件困难的事情，而对于一个诚实到发狂、认为清晰就意味着一切的人来说就更是难上加难。此外，这个年逾五旬的人对于新思想也越来越难适应。我不知道有多少读者能够完全领会这一悲剧。然而，这正是他逃离生活的主要原因。

在我看来，过度自我批评的倾向与孩提时代的经历有关。无知而自私的老师的羞辱和精神压迫给年轻人的心灵造成了无法挽回的破坏，而且往往会对后来的生活产生有害影响。埃伦费斯特这种经历的严重程度可以从他拒绝把深爱的孩子托付给任何学校看出来。

在埃伦费斯特的生活中，与朋友的关系所起的作用要比在大多数人那里大得多。他实际上被他的同情和基于道德判断的反感所支配。他一生中影响最大的关系是与他的妻子兼同事的关系，她在个性上异常坚定，在理智上与他相当。也许她的思想不如他敏捷、多面和敏感，但她的稳重、独立于他人、面对各种困难时的毫不动摇，思想、感情和行动的正直，这一切对他来说都是一种福气，他也用我一生中不常看见的尊敬和爱来回报她。对他来说，与她部分程度的疏远是一次致命的可怕经历，这是他业已受伤的灵魂所无法承受的。

他的精神的力量和诚实，他那丰富的心灵的善良和温暖，尤其是他那无法抑制的幽默和犀利的机智言词丰富了我们的生活。我们知道，他的离去是我们巨大的损失。他将继续活在他的学生心中，活在志向以他的人格为指导的人们心中。

45.圣雄甘地

　　甘地是民族的领袖,从不倚靠任何外在权威;他是一位政治家,其成功不是依赖于阴谋诡计或技术手腕,而是纯粹依靠其令人折服的人格魅力;他是一个胜利的斗士,向来鄙视使用武力;他智慧而谦卑,果敢而坚韧,毕生致力于振兴民族精神,改善民族命运,用质朴的人性尊严对抗欧洲的残暴,永远卓异出众。

　　也许后人很难相信,这样一个有血有肉的人曾经来过世间。

46.悼念卡尔·冯·奥西茨基

只有在德国经历过第一次世界大战结束之后的几年,才能完全理解像奥西茨基这样的人所不得不进行的斗争是多么艰难。他知道,他的同胞们热衷于暴力和战争的传统并未失去力量。他知道,要向那些被坎坷命运和长期战争挫折锐气的同胞们宣讲理智和正义是多么困难、徒劳和危险。他们盲目地报之以仇恨、迫害和缓慢的毁灭。听从他的劝告并采取相应的行动本可意味着得到拯救,对于整个世界来说也将是真正的解脱。

诺贝尔基金会将崇高的荣誉授予这位谦卑的烈士,决定使他和他的工作永远活在人类的记忆中,这将使基金会声名永存。这对今天的人类也是有益的,因为上一次战争的结果并没有消除他所抗击的致命幻觉。和当时一样,不以暴力解决人类的问题仍然是今天的任务。

我的民族

47.他们为何仇恨犹太人？

我想先给大家讲一个稍作改编的古老寓言，它可以清晰地勾勒出政治上反犹主义的主要原因。

牧童对马说："你是地球上最高贵的动物，生活理应幸福无忧。若不是狡诈的牡鹿，你的幸福会非常圆满。但它从小就把步速练得比你还快，总能先到达水坑。它和同伴喝光了水，让你和驹子无水解渴。跟我在一起吧！我的智慧和指引将使你们摆脱这种屈辱不幸的状态。"

出于对牡鹿的嫉妒和憎恨，马同意了。它被牧童套上笼头，失去了自由，成为牧童的奴隶。

在这个寓言中，马代表人民，牧童代表企图完全统治人民的阶层或派系，牡鹿则代表犹太人。

你们可能会说："这个寓言不可能是真的！没有动物会像你寓言中的马那样愚蠢。"但我们可以再想一想。马口干舌燥而又喝不上水，此时看到敏捷的牡鹿跑在它前面，虚荣心很容易被刺痛。你们没有经历这样的痛苦和烦恼，也许觉得很难理解这种仇恨和盲目会让马轻易上当。然而，马之所以容易成为这种诱惑的牺牲品，是因为它之前的苦难已经给这个错误做好了准备。有句话说得不错，给别人公正明智的建议很容易，自己公正明智地行动却很难。我可以非常肯定地说：我们经常扮演马的悲剧角色，而且永远可能再次上当受骗。

这个寓言说明的情形在个人和民族的生活中一再上演。简单地说，这个过程是把对某个人或群体的厌恶和憎恨转移到另一个无力自卫的人或群体。但为什么寓言中牡鹿的角色常常由犹太人扮演呢？为什么碰巧是犹太人常常遭到群众仇恨呢？这主要是因为犹太人遍布世界各地，而且太过分散，无法抵御暴力攻击。

最近的几个例子可以证明这一点。19世纪末，俄国人民已经无法忍受政府的专制，愚蠢的外交政策进一步激怒了俄国人民，几乎达到临界点。在这千钧一发之际，俄国统治者试图通过煽动民众对犹太人的仇恨和暴力来转移视线。血腥镇压危险的1905年革命之后，俄国政府又多次故伎重演，帮助把这个可恨的政权维持到第一次世界大战结束之际。

德国在其统治阶层发动的世界大战中战败后，立即指责犹太人先是煽动了战争，而后又导致战败。没过多久，这种企图得逞了。仇恨犹太人不仅保护了特权阶层，还让一小撮蛮横无理的人完全奴役了德国人民。

历史上，犹太人一直遭到陷害，旨在使对他们犯下的暴行正当化。据称他们曾在井里下毒，谋害儿童用于祭祀，甚至系统性地企图主宰经济和剥削全人类。伪科学书籍污蔑他们是劣等的危险民族，出于自私的目的而煽动战争和革命，既是危险的改革者，又是真正进步之大敌。犹太人还被指控打着同化的幌子偷偷混入，伺机破坏其他民族的文化，而且顽固僵化，不可能融入任何社会。

这些指控真是超乎想象，虽然煽动者知道不可能是真的，但却一再影响着公众。在动荡不安的时代，公众往往会走向仇恨和残暴，而在和平时期，人性的这些特征会暗地里浮现出来。

以上只讲了针对犹太人的暴力和压迫，还没有谈到作为一种心理和社会现象的反犹主义本身。甚至在没有针对犹太人发起特殊行动的时代和环境下，它也一直存在着。我们也许可以称之为潜在的反犹主义。那么，它的基础是什么？我认为在某种意义上，可以把它看成民族生活中一种正常的表现。

在一个国家中，任何群体的成员彼此之间都会比其他人联系得更紧密。因此，只要有这样的群体特别突出，国家就不会没有摩擦。我相信，即使全体国民能够达成一致，也未必是好事。在每一个社会中，共同的信念和目标、相似的兴趣，产生了在某种意义上充当单元的群体。这些群体之间总会存在摩擦，就像个人之间总是存在厌恶和竞争一样。

群体的必要性在政治领域表现得最明显，也就是政治党派的形成。如果没有党派，任何国家民众的政治兴趣就必定会失去活力，观点的自由交流就无法进行。个人会遭到孤立，无法维护自己的信念。而且，只有性情和目标相似的人进行相互鼓励和批评，政治信念才能成熟和发展，这与其他文化领域并无不同。比如大家都知道，在宗教热情高涨的时代可能出现不同的教派，教派间的竞争激励了整体的宗教生活。而在科学和艺术上，集中化，也就是消灭独立的群体，会导致片面和贫乏，因为这种集中化限制甚至压制了任何观点对抗和研究倾向。

究竟什么是犹太人？

群体的形成在人类生活的各个领域都有一种激励作用，也许这主要是因为不同群体所代表的信念目标之间的斗争。犹太人也形成了自己具有鲜明特征的群体，反犹主义不过是非犹太人因犹太群体而产生的一种敌对态度。这是一种正常的社会反应。然而，若不是因为它所产生的政治迫害，反犹主义也许不会有一个专门的称呼。

犹太群体的典型特征是什么呢？首先，究竟什么是犹太人？对于这个问题无法立刻做出回答，最显而易见的回答如下：犹太人是具有犹太信仰的人。这种回答是肤浅的，用一个简单的类比很容易看出来。如果问：什么是蜗牛？一个类似的回答是：蜗牛是住在蜗牛壳里的动物。这种回答并不完全错误，但不够完备，因为蜗牛壳只是蜗牛的物质产物之一。同样，犹太信仰只是犹太共同体的典型产物之一。此外，大家都知道，蜗牛脱了壳不会不再是蜗牛。同样，放弃了犹太信仰（就这个词的正式意义而言）的犹太人依然是犹太人。

每当试图解释一个群体的本质特征时，就会出现这类困难。

数千年来，将犹太人团结在一起的纽带主要是社会正义的民主理想，以及所有人之间互助宽容的理想。即使是犹太人最古老的宗教经文也浸透着这些社会理想，它们有力地影响了基督教和伊斯兰教，对大多数人的社会结构也产生了良性的影响。比如规定每周休息一天就是全人类的福祉。摩西、斯宾诺莎和卡尔·马克思等人虽然各不相同，但都是为了社会正义的理想而牺牲奋斗，正是祖先的传统引领他们走上了这条荆棘之路。犹太人在慈善领域做出的独特成就也是源于此。

犹太传统的第二个典型特征是，高度尊重一切形式的思想追求和精神努力。我相信，仅凭思想努力的这个伟大方面，已足以说明犹太人为最宽泛意义上的知识进步所作的巨大贡献。考虑到他们人数较少，而且总是遇到巨大的外界阻碍，这些贡献理应得到一切正直之士的钦佩。我深信，这并非缘于天赋异禀，而是因为犹太人对思想成就的尊重创造了一种氛围，特别有利于各种才能的发挥。同时还有一种强烈的批判精神，防止了对任何世俗权威的盲目服从。

这里只谈了在我看来最基本的两个传统特征。这些标准和理想在大大小小的事情上都能体现出来。它们由父母传给子女，影响朋友之间的谈话和判断，隐藏于宗教经文的字里行间，给犹太群体的共同生活留下典型印记。我认为，犹太性的本质就在于这些独特的理想。当然，这些理想不可能在犹太群体的实际日常生活中完全实现，但用理想来概括一个群体的典型特征是必由之路。

压迫是一种激励

前面我把犹太教理解成一个具有传统的共同体，但另一方面，无论朋友还是敌人都常常声称：犹太人是一个种族，其典型行为源于通过**遗传**而代代相传的先天特质。这种观点之所以有分量，是因为数千年来，犹太人主要是内部通婚。如果原先就是同质的种族，那么该习俗的确可以**保持**其同质性，但如果原先是种族的混合，那便不能**造就**种族的一致性。而犹太人无疑是一个混合的种族，就像所有其他文明群体一样。真正的人类学家都会同意这一点，而那些相反的断言都是政治宣传，必须作出相应的评价。

犹太群体的兴旺繁荣也许更多是由于它在世界上一直受到的压迫和敌视，而不是由于它的传统。这无疑是它历经数千年而能持续存在的主要原因之一。

前面简要刻画的犹太群体，其人口大约是1600万，不到人类总数的1%，或者相当于今天波兰人口的一半，其政治意义无足轻重。而且，他们也不可能做出任何一致的行动，因为他们散布在世界各地而没有组织成一个整体。

如果只根据反犹主义者描绘的犹太人形象来判断，那么必定会得出结论说，犹太人代表着一种世界势力。初看起来，这似乎荒谬绝伦，但在我看来，这背后有一定的道理。作为一个群体，犹太人也许没有什么力量，但其个人成就的总和却处处斐然，即使这些成就是面对重重阻碍才取得的。活在群体里的精神将蛰伏在个人之中的力量激发出来，激励他做出自我牺牲的努力。

因此，那些不愿看到群众被启蒙的人非常仇恨犹太人。在这个世界上，他们最害怕人有思想独立性。我认为这是今天德国刻毒仇恨犹太人的根本原因。在纳粹看来，犹太人不仅是一种工具，可以把民众的不满从他们这些压迫者身上转移出去，而且是一种无法同化的要素，因为他们不会不加批判地接受教条，坚持对民众进行启蒙教育，因此只要存在就会威胁到他们的权威。

纳粹掌权之后不久就大张旗鼓举行了焚书仪式，这清楚地说明，这种观念触及了问题的核心。从政治的观点看，这种举动毫无意义，只能被理解成一种自动的感情爆发。因此我认为，它比许多具有更大目的和实际意义的举动更能说明问题。

在政治和社会科学领域出现了一种对于过分概括的不信任，这是有道理的。当思想太受这种概括主导时，很容易出现对特定因果序列的误解，从而错误地判断事件的实际复杂性。但另一方面，放弃概括就意味着完全放弃理解。因此我认为，只要认识到概括的不确定性，仍然可以概括而且必须进行概括。正是本着这种精神，我希望从一般观点谨慎地表达我对反犹主义的看法。

在政治生活中，我看到有两种一直在斗争的相反倾向在起作用。一种是乐观倾向，认为个人和群体生产力的自由发展本质上会导向令人满意的社会状态。它认识到，需要一种凌驾于个人和群体之上的中央权力，但只允许其具有组织和调节功能。另一种是悲观倾向，认为个人和群体的自由发展会破坏社会，因此企图把社会完全建立在权威、盲从和胁迫的基础上。事实上，这种倾向只在一定程度上是悲观的，因为它对那些正在掌握或渴望掌握权力和权威的人感到乐观。第二种倾向的拥护者既是自由群体和独立思想教育的敌人，也是政治上反犹主义的信徒。

在美国，人们口头上都称颂第一种倾向，但第二种倾向仍然力量强大，随处可见，尽管在大多数情况下都隐藏了其真正本性。其目标是，以反犹主义和对其他各种群体的敌视作为武器，经由控制生产资料这条迂回道路，使少数人从政治和精神上控制民众。不过由于民众健全的政治直觉，这些企图均以失败而告终。

因此，若能恪守一条原则，未来可望继续下去，那就是：谨防谄媚者，尤其在鼓吹仇恨之时。

48.欧洲犹太人的流散

犹太人遭受迫害的历史几乎无法想象地漫长。然而，今天正在中欧上演的针对犹太人的战争属于它的一个特殊类别。在过去，我们**尽管**是《圣经》的民族，却遭到迫害；而今天，正**因为**是《圣经》的民族，我们才遭到迫害。其目标不仅是把我们根除，还要摧毁《圣经》和基督教所表达的精神，正是这种精神使中欧和北欧文明得以兴起。如果这个目标得逞，欧洲将变成荒地和废墟。因为在暴力、残忍、恐怖和仇恨的基础上，人类社会是不会长久的。

只有理解我们的邻人，做事时秉持正义，愿意帮助我们的同胞，才能确保个人安全，并使人类社会绵延不绝。不论是聪明才智，还是发明或制度，都不可能替代教育中这些最重要的部分。

在欧洲目前的这场剧变中，许多犹太社群已被根除。数十万男女老少不得不背井离乡，在世界各地绝望徘徊。今天犹太人的悲剧反映了现代文明的基本结构遭到挑战。

犹太人和其他群体受到压迫，最可悲的方面之一是产生了难民阶层。科学、艺术和文学上的许多杰出人士被逐出了他们用才华滋养过的土地。在经济衰退时期，这些流亡者蕴含着经济文化复兴的可能性，许多难民都是工业和科学上训练有素的专家。他们对世界的进步做出了有价值的贡献。他们能以新的经济发展和提供新的就业机会来回报当地人的热情接纳。据说英国对难民的接纳直接给15000名失业者创造了工作机会。

作为一位前德国公民，我有幸能离开那个国家。我想我可以代表这里以及其他国家的难民同胞，感谢世界上的民主国家友好的接纳。我们所有人都应诚挚地感谢自己的新国家，每个人都应尽最大的努力为所居住国家的经济、社会和文化事业做出贡献，以表达我们的感激之情。

但需要严重关注的是，难民人数一直在增加。在过去一周里，来自捷克斯洛伐克的潜在难民又增加了好几十万。素有民主与公共服务的高贵传统的犹太共同体再次面临重大悲剧。

犹太民族之所以能够绵延数千年，是因为犹太人恪守《圣经》中关于人与人之间关系的教义，由此直接产生了抵抗力量。在这些年的苦难中，我们乐于互助的意愿正面临一场特别严峻的考验。每个人都要亲自面对这场考验，我们会经受住它，就像先辈们那样。除了用团结和知识来自卫，我们别无他法，我们为之受苦的乃是一项重大而神圣的事业。

49.让我们牢记

如果说我们犹太人能从这些政治上的悲惨时期学到什么的话，那就是命运把我们捆绑在了一起。在平静和安全的时代，我们常常容易愉快地忘记这个事实。我们习惯于过分强调不同国家和不同宗教观点的犹太人之间的分歧。当犹太人在某个地方遭到憎恨和不公正对待时，当手腕灵活的政治家们开始用古老的偏见（起初是宗教偏见）攻击我们，以炮制针对我们的政治计划时，我们常常忘记，每一个犹太人都牵涉其中。它之所以涉及我们每个人，是因为这种民众灵魂的疾病和精神失常不会被海洋和国家边界所阻隔，而会像经济危机和传染病一样蔓延开来。

50. 为一本黑书而写的未发表的序言

　　这本书是关于德国政府系统性屠杀大批犹太人的文献资料汇编。本着对事实真相负责的态度，各个犹太组织合力编纂了此书，并将其公之于众。

　　这本书的目的很明确。它想让读者相信，一个捍卫生命神圣性的国际组织，只有不限于保护国家免受军事攻击，而且将其保护范围扩展到各个国家中的少数族裔时，才能有效地实现其目标。因为归根结底，必须保护免遭毁灭和非人道待遇的是个人。

　　诚然，只有抛弃在过去几十年发挥了重大作用的不干涉原则，这一目标才能实现。然而今天，不再有人怀疑这一影响深远的步骤的必要性。因为即使是那些只想保护自己不受外来军事攻击的人，今天也必须认识到，战争灾难发生之前是各国内部的某些发展，而不仅仅是军事和军备的准备。

　　只有承认并接受所有人和所有国家都有义务为所有人创造和维持体面的生活条件时，我们才有理由在一定程度上说人类是文明的。

　　从百分比来看，犹太人在最近几年的灾难中损失的人数比其他任何民族都多。要想争取一个真正公正的解决办法，就必须在组织和平的过程中特别考虑犹太人。从正式的政治意义上讲，犹太人不能被视为一个民族，因为他们既没有国家也没有政府，但这不应成为障碍。因为犹太人一直被当作一个统一的群体来对待，就好像是一个民族一样。他们作为一个统一的政治团体的地位已被其敌人的行为所证明。因此，在谋求国际局势稳定的过程中，他们应被视为一个惯常意义上的民族。

在这方面必须强调另一个因素。在欧洲部分地区，犹太人的生活在未来几年内大概是不可能的。经过数十年的努力工作和自愿的经济援助，犹太人已经使巴勒斯坦的土地恢复了肥沃。所有这些牺牲都是出于对有关政府在上一次战争之后作出的官方承诺的信任，即犹太人将在他们古老的巴勒斯坦国得到一个安全的家园。说得委婉一些，对这一承诺的履行是犹豫不决和半心半意的。既然犹太人特别是巴勒斯坦的犹太人在这场战争中也作出了宝贵的贡献，那么就必须牢记这一承诺。必须命令巴勒斯坦在其经济能力允许的范围内向犹太移民开放。超国家机构要想赢得那种信任，作为维持自身存在的最重要支柱，那就必须首先表明，信任这些机构并且作出最大牺牲的人不会被欺骗。

51. 人类生存的目标

我们这个时代以其在人类思想发展过程中取得的进步而自豪。对真理和知识的探索与追求是人类最崇高的品质之一——尽管大声喊出这种自豪的往往是那些奋斗最少的人。当然，我们应该注意不要让理智成为我们的上帝；它当然有强壮的肌肉，但却没有人格。它不能领导，只能服务；它在选择领导者方面并不讲究。这一特点可以从其布道者即知识分子的品质中反映出来。理智对方法和工具有敏锐的眼光，但对目的和价值却视而不见。难怪这种致命的失明会被传给年轻人，今天已经涉及整整一代人。

我们的犹太祖先、先知和中国古代的先贤们都明白并且宣称，塑造我们人类生存的最重要因素是建立和确立一个目标。这个目标就是建立一个自由和幸福的人类社会，人类通过不断的内在努力，使自己从继承的反社会和破坏性本能中解放出来。在这种努力中，理智可以是最有力的帮助。理智努力的成果连同这种努力本身，与艺术家的创造性活动相结合，给生活增添了内容和意义。

但是今天，人类的狂热激情比以往任何时候更不受约束地支配着我们的世界。我们犹太人在哪里都是一个少数族裔，没有办法进行武力自卫，目前正面临着最严重的痛苦，甚至要被彻底消灭，其程度远远超过世界上任何其他民族。对我们的仇恨乃是基于这样一个事实：我们维护了和谐合作的理想，并且在我们民族中最优秀的人的言行中得到了表达。

52. 我们对犹太复国主义的责任

自提图斯征服耶路撒冷以来，犹太人很少遭受像现在这么大的压迫。事实上在某些方面，我们这个时代要更加糟糕，因为现在对移民的限制比以前更多。

但不论经历多少悲痛，不论遭遇多大不幸，我们都会度过这个时期。外部压力只会使我们这种纯粹由传统构成的共同体更加强大。今天，每一个犹太人都感觉到对自己的同胞乃至全人类都负有严肃的责任。身为犹太人就意味着承认并践行《圣经》中规定的人性根本，倘若没有这些根本，就不会有健康幸福的人类社会。

对巴勒斯坦发展的关心使我们聚集在这里。此时此刻，必须先强调一件事：所有犹太人都应当深深地感谢犹太复国主义，它重新唤起了犹太人的共同体意识，做出的成就超出了所有人的意料。全世界具有自我牺牲精神的犹太人共同促成了巴勒斯坦的这些成就，许多弟兄因此得以摆脱悲惨的困境，尤其是，许多犹太青年有可能过一种创造性的快乐生活。

如今，盲目仇恨所导致的民族主义猖狂已经成为致死的疾病，使我们在巴勒斯坦的工作陷入极为困难的境地。白天耕种的农田，晚上需要武装守护，以防狂热的阿拉伯不法之徒破坏。经济生活没有保障，企业精神凋敝，也出现了某种程度的失业，尽管以美国标准来衡量还不算严重。

值得我们钦佩的是，我们在巴勒斯坦的弟兄以团结和信任来面对这些困难。有工作的人自愿帮助失业的人摆脱困境。大家始终精神高涨，相信理性和镇定终将获胜。每个人都知道，骚乱是由那些存心想让我们尤其是英国难堪的人蓄意挑起的，也都知道，只要国外的支持撤回，作乱就会停止。

当然，其他各国的弟兄也绝不逊色于巴勒斯坦的犹太人。他们勇敢而坚定地支持着这项共同的事业，这是理所当然的。

再就分治问题谈谈我的看法。与建立一个犹太国相比，我更希望看到犹太人能在和平共处的基础上与阿拉伯人达成合理的协议。除了实际的考虑，我对犹太教本性的了解使我反对建立犹太国，无论其边界、军队和世俗权力是多么适度。我担心这会产生一种狭隘的民族主义，从而使犹太教受到内在伤害，即使在没有犹太国的时候，我们也一直在与这种狭隘的民族主义作坚决的斗争。我们不再是马加比时代的犹太人了，回到政治意义上的国家将与先知们开创的共同体精神背道而驰。如果外在需要迫使我们承担起这副重担，就让我们以机智和耐心去承受它吧。

再就整个世界目前的心态谈几句，犹太人的命运也与之息息相关。反犹主义始终是少数自私自利的人用来欺骗世人的最廉价手段。建立在这种欺骗基础上并以恐惧来维持的暴政，必定会自食其果、自取灭亡。经年累月的不义行为会强化人们心中的道德力量，使公众生活得到解放和净化。但愿犹太共同体能够渡过苦难，促进那些解放力量的释放。

53.致华沙犹太人区战役中的英雄

在抵抗德国有组织的谋杀过程中，他们作为犹太民族的成员英勇牺牲。这些牺牲加强了各国犹太人之间的凝聚力，在苦难中共同努力，为实现更美好的人类社会而奋斗，先知们明确而坚定地把这种社会树立为我们的目标。

如果世界上还有正义，如果各国的集体责任感还没有消失殆尽，那么整个德国民族要为这些大屠杀负责，必须受到惩罚。纳粹党身后是德国民众，希特勒在其著作和演说中明确无误地表达了可耻的意图之后，德国民众选择了他。在所有民族当中，只有德国人未作认真抵抗来保护无辜受害者。当他们被彻底击败并开始哀叹自己的命运时，我们绝不能让自己再次上当受骗，而应牢记：他们故意用他人的人性，来为他们对人类犯下的最后也是最严重的罪行做准备。

54. 在华沙犹太人区殉难烈士纪念碑前的讲话

你们今天聚集在这里所面对的纪念碑是作为一个具体的象征而建造的，以表达我们对这个殉道的犹太民族所遭受的不可挽回的损失的悲痛。它也提醒我们这些幸存者要继续忠于我们的民族以及我们祖先所珍视的道德原则。只有通过这种忠诚，我们才有望在这个道德衰败的时代生存下来。

对个人或民族犯下的罪行越残忍，对受害者的仇恨和蔑视就越深。一个民族的骄傲自负和妄自尊大阻止了对其罪行的忏悔。然而，那些没有参与犯罪的人对遭受迫害的无辜受害者的痛苦既无同情，也没有人类团结的意识。这就是为什么残余的欧洲犹太人正在集中营里苦苦挣扎，而地球上人烟稀少的地方却对他们大门紧闭的原因。甚至我们在巴勒斯坦建立一个民族家园的被庄严承诺过的权利也在遭到背叛。在这个道德衰败的时代，正义的声音对人不再起任何作用。

让我们清楚地认识到并且永远不要忘记：在目前的形势下，各国犹太人之间相互合作和增进生活联系是我们在物质和道义上的唯一保障。但对于未来，我们的希望在于克服今天严重威胁人类生存的普遍道德衰败。无论多么虚弱,让我们全力以赴,力争使人类从目前的道德衰败中恢复过来,在争取权利和正义、建设和谐社会的斗争中获得新的活力和力量。

55. 犹太人的天职

在这个时代，似乎特别需要有哲学信念的人（也就是智慧和真理的朋友）联合起来。因为虽然我们这个时代积累的知识确实比以往任何时代更多，但为文艺复兴精神插上翅膀的对真理和洞察力的热爱已经变得淡漠，取而代之的则是植根于社会的物质领域而非精神领域的严肃的专业化。而像这样的团体则完全致力于精神目标。

在过去几个世纪里，犹太教只恪守其道德和精神传统。其各位导师就是它唯一的领导者。但是随着对更大的社会整体的适应，这种精神导向已经退居幕后，尽管时至今日，犹太人仍然因此而拥有明显生生不息的活力。要想为了人类的利益而保持这种活力，我们就必须坚持这种对待生活的精神导向。

围绕着金牛犊①的舞蹈不仅仅是我们祖先历史中传奇性的一幕——在我看来，这一情节以其单纯性要比我们这个时代正在威胁犹太教的完全固守于物质的自私目标更为天真无辜。此时，将那些有志于振兴我们民族精神遗产的人团结起来有着最

---

① 金牛犊是人手所造的"神"，是偶像。根据《出埃及记》记载，当摩西上西奈山领受十诫时，他离开以色列人四十昼夜。以色列人担心他不再回来，要求亚伦为他们制造神像。亚伦造金牛犊当作神来敬拜，惹神震怒。——译者

高的正当性。这对于一个摆脱了所有历史和民族的狭隘性的群体来说尤其如此。我们犹太人应当是而且仍然是精神价值的承载者和守护者。但我们也应该时刻意识到，这些精神价值始终是全人类的共同目标。

56.摩西·迈蒙尼德

人们以一种和谐的精神聚在一起来纪念一个生活和工作在七个世纪以前的人,这一场景可谓崇高。在一个激情和冲突比通常更容易掩盖理性思想和公平正义的影响的时代,这种感觉便愈发强烈。在繁忙的日常生活中,我们的看法日益受到欲望和激情的左右,在所有人反对所有人的斗争的喧嚣中几乎听不到理性和正义的声音。但那些久远的骚动早已平息,留给我们的只是对少数人的回忆,这些人对其同时代人从而也对后人产生了重要而深远的影响。迈蒙尼德就是这样一个人。

条顿蛮族摧毁了欧洲的古老文化之后,一种新的更精致的文化生活开始从在这场大浩劫中幸免于难的两个源头慢慢发展起来,这两个源头就是犹太人的《圣经》和希腊的哲学与艺术。这两个彼此迥异的来源的结合标志着我们现在文化时代的开端,正是从这种结合中直接或间接产生了构成我们当今生活真正价值的所有东西。

迈蒙尼德便是其中一位强人,这些人通过自己的著作和努力促进了这种综合,从而为后来的发展铺平了道路。今晚,朋友们将向我们讲述这是如何发生的,他们的研究比我更接近迈蒙尼德毕生工作的核心和欧洲思想史。

愿这一时刻的愉快回忆有助于增强我们内心中对于通过艰苦斗争而获得的文化财富的热爱和尊重。我们为保护这些财富而与现在的黑暗野蛮势力所作的斗争必将胜利。

57. 斯蒂芬·怀斯

在我所见过的那些为正义事业和处境艰难的犹太人的利益而奔走的人当中，只有少数人在任何时候都是无私的，但没有一个人能像斯蒂芬·怀斯那样满腔热忱地投入自己的爱和精力。他一生都是犹太复国主义事业的战士，对他永不止息的活动的记忆将永远与犹太复国主义事业联系在一起。他走的是真正先知的荆棘之路，在任何时候都鄙视肮脏的妥协，从不向当权者屈膝。无论走到哪里，他都通过无情地揭露我们自己队伍和更大的非犹太世界政治舞台上的弱点和不足而作出了巨大而持久的贡献。有些人不喜欢他，但没有人会不认可和尊重他，因为人人都知道，在这个人的辛苦付出背后，始终有一种使人类变得更加美好和幸福的强烈愿望。

58.致耶路撒冷大学的信

得益于外部环境的支持，我在漫长的人生中为加深我们的物理认识做了一点点工作，这给我带来了如此多的赞扬，以至于在很长一段时间里，我感到的更多是羞愧而不是兴高采烈。但从你们那里表现出的尊重的标志却使我感到无比喜悦——我所喜悦的是，我们犹太人在几代人的时间里，在异常艰难的条件下，通过无限的勇气和无法估量的牺牲而独力完成的伟大事业。27年前，这所大学还只是一种梦想和渺茫的希望，然而今天，它却是一个有生命的东西，一个自由教学和幸福协作的家园。它就在我们民族历尽艰辛解放出来的土地上，成为一个其成就最终得到应有的普遍承认的日益繁荣的共同体的精神中心。

在实现我们梦想的最后这段时期，只有一件事使我深感忧虑：险恶的处境迫使我们通过武力来维护自己的权利，这是避免彻底毁灭的唯一途径。不过，这个新生国家的领导人表现出的智慧和克制使我相信，以卓有成效的合作、相互尊重和信任为基础的与阿拉伯人的关系将会逐步建立起来。因为这是使两个民族从外部世界获得真正独立的唯一途径。

59. 美国犹太人委员会

听说美国犹太人委员会所支持的纲领遭到强烈反对，我真的非常高兴。在我看来，这个组织不过是通过背叛真正的犹太理想和模仿那些声称百分之百支持崇美主义的人，企图可怜地博得敌人的好感和容忍。我认为这种方法既不光彩也不奏效。我们的对手一定会带着不屑甚至蔑视来看待它，在我看来这是公正的。连自己的事业都不忠诚的人是不可能得到别人尊重的。此外，这场运动还是引起不愉快记忆的"德国犹太公民中央联合会"的一个相当精确的翻版，该联合会在我们最需要它的日子里表明自己是完全无能的，并通过削弱内在的坚定信心而腐蚀了犹太群体，正是通过这种坚定信心，我们犹太人才经受住了这个艰难时代的考验。

60. 以色列的犹太人

对我们犹太人来说，最重要的事情就是巩固在以色列通过惊人的努力和无比的牺牲精神所取得的成果。每当想起这一小群精力充沛、富于思想的人所取得的成就，我们心中就会充满欢喜赞叹，但愿这能给我们以力量，肩负起当前形势赋予我们的重任。

然而在评价这些成就时，不要忘记更进一步的事业：营救分散在各地、处于危险中的弟兄们，让他们在以色列团结起来，创建一个共同体，尽可能符合犹太民族在漫长历史中形成的道德理想。

其中一个理想是建立在理解和自制而非暴力基础上的和平。如果满怀这种理想，我们的欢乐就会夹杂几分悲伤，因为目前我们与阿拉伯人的关系距此理想还很遥远。倘若不受别人干扰，能够好好发展与邻人的关系，我们也许早就达到了这个理想，因为我们**希望**和平，并且认识到未来的发展依赖于和平。

我们没能实现一个不分裂的巴勒斯坦，让犹太人和阿拉伯人能够自由平等地和平相处，与其说是我们自己或邻人的过错，不如说应当归咎于受托管理国。如果一国统治他国，就像英国对巴勒斯坦的受托管理那样，它就很难避免采取臭名昭著的"分而治之"的伎俩。说明白些就是：在被统治民众中制造不和，使他们不会为了打破强制的枷锁而团结起来。纵使枷锁去除，纷争的种子也已结出果实，未来仍有可能造成损害。但愿这段时间不会太长。

巴勒斯坦的犹太人争取政治独立并非为了自己，而是为了让身处各国、处境危险的犹太人以及所有渴望与自己人生活在一起的人能够自由移民。毫不夸张地说，他们的斗争所付出的牺牲，在历史上也许是绝无仅有的。

姑且不谈与数量远超我们的对手作斗争所带来的生命财产损失，也不谈在贫瘠土地上拓荒所伴随的辛劳疲惫，我想到的是，生活在这些条件下的人们必须付出额外的牺牲，以便在18个月内让超过全国犹太人口总数三分之一的移民涌入。要想理解其中的意义，只需想象美国犹太人的一项类似功绩。假定美国没有移民限制的法律，设想美国犹太人自愿在一年半的时间里接纳来自其他国家的100万犹太人，照料他们并让他们融入美国经济。这将是一项巨大的成就，但与我们以色列弟兄的成就相比还相去甚远。因为美国地广人稀，物产丰富，生活水准和生产能力都高度发达，小小的巴勒斯坦无法与之相提并论。即使没有大量移民的额外负担，居住在巴勒斯坦的犹太人也过着艰苦俭朴的生活，而且随时可能受到敌人的攻击。想想这种自愿的弟兄之爱，对以色列的犹太人意味着怎样的损失和个人牺牲。

以色列犹太共同体的经济手段尚不足以完成这项伟业。从1948年5月开始移民到以色列的30多万人里，有100万人还没有住所或工作。他们不得不集中在临时营地,那里的条件让我们所有人感到羞耻。

绝不能让这项伟业因为美国的犹太人没有提供充分或及时的帮助而功亏一篑。在我看来,这是一份赠予所有犹太人的珍贵礼物:积极参与这项美好任务的机会。

爱因斯坦小传

阿尔伯特·爱因斯坦（1879—1955）是现代史上最伟大和最有影响力的人物之一。他一生创作了450多篇学术作品。他在科学上的进展，包括革命性的相对论和 $E=mc^2$（首次描述物体质量与能量之间的关系），使他赢得了"现代物理学之父"的美誉。

爱因斯坦出生在德国西南部的乌尔姆，儿时随父母一起移居慕尼黑。小时候，爱因斯坦少言寡语，以至于父母担心他有学习障碍。但尽管说话困难，他始终是一名优等生，而且很早就表现出了数学和物理学上的天赋。1896年，他为了逃避服兵役而放弃了德国国籍，之后在瑞士的苏黎世联邦理工学院学习数学和物理学。

毕业后，爱因斯坦与大学女友米列娃·马里奇（Mileva Marić）结婚，并育有三个孩子。他在苏黎世大学攻读博士学位，而后在伯尔尼的专利局工作。1908年，他离开这个职位到伯尔尼大学任教，随后又在欧洲各地担任了多个教授职位，最终于1914年回到德国。此时，爱因斯坦已经因为在狭义相对论、光电效应、质能关系等方面的开创性论文而得到全世界的认可。他于1921年获得诺贝尔物理学奖。

1933年，爱因斯坦逃离纳粹德国，与1919年结婚的第二任妻子爱尔莎·洛文塔尔（Elsa Löwenthal）移民美国。他接受了新泽西州普林斯顿大学的一个职位，并且在那里度过了余生。在普林斯顿大学，爱因斯坦致力于寻找一种统一场论，并且在美国发展原子武器方面发挥了关键作用。他还作为全国有色人种协进会（NAACP）的一员为公民权利而奔走，也是以色列劳工犹太复国主义运动的热心支持者。

尽管如此，爱因斯坦仍然与他的祖国保持着特殊的密切关系。他与所有德国事物，特别是与柏林科学界的联系，可能是他在美国的这些年里如此重视与其他讲德语的移民的关系的原因。他与"哲学图书馆"（*Philosophical Library*）的创始人达戈伯特·鲁恩斯（Dagobert D. Runes）博士保持着深厚的友谊，和爱因斯坦一样，鲁恩斯也是一位人文主义者、民权先驱和斯宾诺莎的崇拜者。后来，爱因斯坦的许多著作被"哲学图书馆"出版。

1955年爱因斯坦去世时，被公认为历史上最杰出和最重要的科学家之一。

文章出处

（与文章序号一致）

2. 出自 *Portraits and Self-Portraits* by George Schreiber; Houghton, Mifflin Co., Boston, 1936。
3. 出自 *I Believe*, edited by Clifton Fadiman; copyright by Simon & Schuster, Inc., New York, 1939。
4. 出自1937年10月11日青年基督教联合会创始人日的致辞。
5. 出自1938年8月10日在纽约世界博览会封入时间胶囊的声明。
6. 出自 *Freedom, Its Meaning*, edited by Ruth Nanda Anshen; Harcourt Brace and Co., New York, 1940。
7. 出自1938年在斯沃斯莫尔学院毕业典礼上的致辞。
8. I 出自1939年5月19日举行美国神学院协会东北地区会议之前在普林斯顿神学院的演讲。

    II 出自 *Science, Philosophy and Religion*, a Symposium; published by the Conference on Science, Philosophy and Religion in Their Relation to the Democratic Way of Life, Inc., New York, 1941。
9. 出自1936年10月15日为庆祝美国高等教育三百周年在纽约奥尔巴尼市教育大楼校长厅举行的纽约州立大学第七十二届毕业典礼上的致辞。
10. 出自 *The American People's Encyclopedia*, copyright by the Spencer Press, Inc., Chicago, 1949。
11. 出自 *Science Illustrated*; New York, April 1946。
12. 最初发表于 *London Times*, November 28, 1919。
13. 出自 *The Journal of the Franklin Institute*, Vol. 221, No. 3; March, 1936。
14. 出自 *Science*; Washington, D. C, May 24, 1940。

15. 出自1941年9月28日伦敦科学会议的广播录音，发表于 *Advancement of Science*; London, Vol. 2, no. 5。
16. 出自 *Relativity—A Richer Truth* by Philipp Frank; published by the Beacon Press, Boston, 1950。
17. 出自 *Technion Journal*; New York, 1946。
18. 出自 *Monthly Review*; New York, May, 1949。
19. 出自 *Pageant*; New York, January, 1946。
20. 出自 *Science*; Washington, D. C, Winter issue, 1935—1936。
21. 出自1946年5月24日在芝加哥通过美国广播公司对联邦世界政府学生集会的广播讲话。
22. 出自 *One World or None*, edited by Katherine Way and Dexter Masters; Whittlesey House, New York, 1946。
23. 出自1948年4月27日在纽约卡内基大厅接受"世界一家奖"时的致辞。
24. 出自1933年10月在伦敦阿尔伯特大厅发表的演讲。
25. 出自提交给弗罗茨瓦夫知识分子和平大会的发言（这篇发言从未实际宣读，但1948年8月29日在报刊上发表）。
26. 出自 *United Nations World*; New York, October, 1947。
27. 出自 *Moscow New Times*, November 26, 1947；以及 *Bulletin of the Atomic Scientists*; Chicago, February, 1948。
28. 出自1944年致全国战时会议的声明。
29. 出自 *The Nation*; New York, October 3, 1934。
30. 出自1936年写给一个从未举行的大学教师集会的信。
31. 出自 *Atlantic Monthly*; Boston, November, 1945 and November, 1947。
32. 出自1945年12月10日在纽约阿斯托酒店举行的第五次诺贝尔周年纪念晚宴上的致辞。
33. 出自1947年11月11日在纽约华尔道夫－阿斯托里亚酒店由联合国大会和安理会的外国记者协会举行的第二次年度晚宴上的致辞。
34. 出自1934年11月23日在进步教育协会大会上的致辞。
35. 出自 *Policy*; Chicago, November 27, 1934。
36. 出自 *The American Scholar*; New York, Summer, 1947。
37. 出自1933年1月22日对加州理工学院学生的讲话。

38. 出自 *The Manchester Guardian*; Manchester, England, Christmas, 1942。
39. 出自 Preface to *Johannes Kepler's Letters* edited by Mrs. David Baumgardt。
40. 出自1935年11月23日在纽约罗里奇博物馆举行的居里夫人纪念大会上的发言。
41. 出自1948年4月在马克斯·普朗克纪念仪式上宣读的发言。
42. 出自 *La Pensee*; Paris, February-March, 1947。
43. 出自 *The Scientific Monthly*; Washington, D. C, Vol. LIV, February, 1942。
44. 出自 *Almanak van het Leidsche Studentencorps* published by S. C. Doesburg Verlag, Leiden, Holland; 1934。
45. 出自1944年在圣雄甘地75岁诞辰纪念会上的致辞。
46. 出自1946年12月10日在诺贝尔基金会晚宴上的致辞。
47. 出自 *Collier's*; New York, November 26, 1938。
48. 出自1939年3月22日通过哥伦比亚广播系统对犹太联合捐募协会发表的讲话。
49. 写于1934年。
50. 为一本黑书而写的未发表的序言。写于1945年。
51. 出自1943年4月11日对犹太联合捐募协会的广播讲话。
52. 出自1938年4月17日在纽约海军准将酒店举行的全国劳工支持巴勒斯坦委员会"第三届逾越节家宴"庆典上的致辞，发表于 *New Palestine*; Washington, D. C, April 29, 1938。
53. 出自 *Bulletin of the Society of Polish Jews*; New York, 1944。
54. 出自1948年4月19日在华沙举行的华沙犹太人区战役纪念碑揭幕仪式上的致辞。
55. 出自1936年3月22日在犹太科学与艺术学院的演讲。
56. 出自1935年4月在纽约举行的迈蒙尼德诞辰800周年纪念会上的致辞。
57. 出自 *Opinion*; New York, March, 1949。
58. 1949年3月15日致以色列耶路撒冷希伯来大学的信。
59. 出自1945年致纽约巴勒斯坦团结委员会的一封信。
60. 出自1949年11月27日通过美国全国广播公司对犹太联合捐募协会的广播讲话。

人名对照表

Arrhenius, 阿伦尼乌斯

Bilbo, 比尔博
Bismarck, 俾斯麦
Bohr, Niels, 尼尔斯·玻尔
Born, 玻恩
Broglie, de, 德布罗意
Buddha, 佛陀

Curie, Mme., 居里夫人

v. Dantzig, 冯·丹齐克

Darwin, 达尔文
Davies, Lord, 戴维斯勋爵
Descartes, 笛卡尔
Dirac, 狄拉克

Ehrenfest, Paul, 保罗·埃伦费斯特
Euclid, 欧几里得

Faraday, 法拉第
Frumkin, A. N., 弗鲁姆金

Galileo, 伽利略
Gamow, 伽莫夫
Geiger, 盖革
Goethe, 歌德
Gromyko, 葛罗米柯

Hahn, 哈恩
Heisenberg, 海森伯
Hertz, 赫兹
Hitler, 希特勒
Hoff, Van't, 范特霍夫

Joffe, A. F., 约飞
Kaluza, 卡鲁扎
Kant, Immanuel, 伊曼努尔·康德
Kepler, 开普勒
Klein, 克莱因
Lagrange, 拉格朗日
Langevin, Paul, 保罗·郎之万
Leibniz, 莱布尼茨
Lessing, 莱辛
Lister, 李斯特

Lorentz, H. A. 洛伦兹

Mach, Ernst, 恩斯特·马赫
Machiavelli, 马基雅维利
Maimonides, 迈蒙尼德
Marx, Karl, 卡尔·马克思
Maxwell, 麦克斯韦
Meitner, Lize, 莉泽·迈特纳
Mill, J. St., 密尔
Moses, 摩西

Nernst, Walther, 瓦尔特·能斯特
Newton, 牛顿
Nobel, Alfred, 阿尔弗雷德·诺贝尔

Ossietzky, 奥西茨基
Ostwald, 奥斯特瓦尔德

Pasteur, 巴斯德
Pauli, 泡利
Planck, Max, 马克斯·普朗克
Plato, 柏拉图

Reissner, 莱斯纳
Reves, Emery, 埃默里·雷韦斯

Riemann, 黎曼
Roosevelt, Franklin Delano, 罗斯福
Rosen, 罗森
Russell, Bertrand, 伯特兰·罗素

Samuel, Herbert, 赫伯特·塞缪尔
Schrödinger, Erwin, 埃尔温·薛定谔
Schwarzschild, 施瓦茨希尔德
Semyonov, N. N., 谢苗诺夫
Shakespeare, 莎士比亚
Spaak, 斯巴克
Spinoza, 斯宾诺莎

Thomson, J. J., 汤姆孙
Titus, 提图斯

Vavilov, Sergei, 瓦维洛夫
Veblen, Thorstein, 凡勃伦

Wells, H. G., 威尔斯
Wheatstone, 惠斯通
Wilhelm II, 威廉二世
Wilson, 威尔逊
Wise, Stephen, 斯蒂芬·怀斯

图书在版编目（CIP）数据

爱因斯坦晚年文集 /（美）爱因斯坦著；张卜天译. —北京：商务印书馆，2022（2023.2 重印）
（世界科普名著译丛）
ISBN 978-7-100-20020-2

Ⅰ. ①爱… Ⅱ. ①爱… ②张… Ⅲ. ①爱因斯坦（Einstein, Albert 1879–1955）—文集 Ⅳ. ① Z471.2

中国版本图书馆 CIP 数据核字（2021）第 112161 号

权利保留，侵权必究。

世界科普名著译丛
爱因斯坦晚年文集
〔美〕爱因斯坦 著
张卜天 译

商务印书馆出版
（北京王府井大街36号 邮政编码100710）
商务印书馆发行
北京通州皇家印刷厂印刷
ISBN 978 - 7 - 100 - 20020 - 2

2022年3月第1版　　开本 850×1168　1/32
2023年2月北京第2次印刷　印张 8½　插页 2

定价：59.00元